敏感っ子を育てるママの不安がなくなる本

子育てコンサルタント&ライター
長岡 真意子［著］

秀和システム

はじめに

世の中には、人一倍敏感で、繊細で、傷つきやすい性質を持つ子がいます。
本書を手に取ってくださったみなさんも、お子さんのこんなふうな反応に、
戸惑っていらっしゃるのではないでしょうか？

ちょっとしたことで、火がついたように泣き続ける。
初めての場所や知らない人に対して、極端におびえる。
子ども番組に出てくる着ぐるみが怖くて泣く。
服のタグや縫い目の感触を嫌う。
他人が怒られているのを見ると、自分のことのように動揺する。

当てはまることが多い場合、もしかするとお子さんは「ＨＳＣ（Highly Sensitive Child)」と呼ばれる、「**敏感っ子**」かもしれません。

はじめまして。私は、「子どもの主体性が育ち、親が楽になる」ための情報発信や講座を行う「ユア子育ちスタジオ」主宰の長岡真意子と申します。『オールアバウト』や『Ｉｔ Ｍａｍａ』などのメディアに寄稿した記事を読んでくださったことがある方もいらっしゃるかもしれません。

実は、私の５人の子ども達も、敏感っ子です。

長男は、とにかくよく泣く赤ちゃんでした。抱き方、抱くタイミング、周りの音、温度、肌に触れるもの、そうした微妙な違いにも逐一反応し、火がついたように泣き叫んで止まりません。少し大きくなっても泣いてばかりいました。公園のすべり台の高さが怖くて泣く、身体を何かに軽くぶつけて泣く、友達が泣いていると同調して泣く。友達と一緒に観ていた子ども番組の悪者の様子が怖くて、勝手にテレビの電源を切り、一人毛布にくるまって泣きじゃくっていたこともあります。

長女は他者の視線に敏感で、共感力も強く、幼児期から絵本や映画を観て泣き出すことがしばしばありました。怖い夢を見るのが嫌で、夜になると「寝たくない」と言って私を困らせました。14歳のときに試したＨＳＰ（Highly Sensitive Person：高度に敏感な人）のセルフテストでは、ほぼ満点の評価でした。

次女は完璧主義な面があり、少し気に食わないことがあると激しい癇癪を起こし、しょっちゅう顔を真っ赤にして1時間以上も泣きわめいていました。塗り絵から色がはみ出たり、折り紙の角がうまく合わない、そういうことが許容できません。次女が2歳の頃、私がバナナを剥いてあげている途中で誤って折ってしまったときは、この世の終わりかのように絶叫し、半日ほども泣き続けていました。

三女は人見知りが激しく、年長時に先生から「必要なこと以外話しません」と言われました。周りから強い口調で咎められると、一人隠れて泣いてしまう敏感っ子です。

次男は5人の中でも、最もＨＳＣの傾向が強いかもしれません。視覚、聴覚、触覚、味覚、嗅覚すべてが兄弟の中でもとびきり敏感で、幼稚園の年長のときには、「音が大きすぎるから」という理由で園に行けなくなりました。数か月の行き渋りの末、首や腕や身体全体が動くほどの激しいチックを発症。小学校1年生までは、私が付き添い登校していました。

第五子である次男が生まれたとき、一番上の子（長男）は9歳。次が7歳、5歳、2歳でした。5人も子どもがいると、世話をするだけでも大変なのに、全員が人一倍敏感で、ちょっとしたことで泣いたり癇癪を起こしたり、味や匂いへの好き嫌いが激しかったりするのです。私は、毎日へとへとに疲れていました。

この子達は、なぜこんなに育てにくいの？
私の育て方が間違っているの？
当時の私は、子ども達の過敏さについて、ネガティブにしかとらえることができず、ときに子ども達につらくあたってしまうこともありました。

そんな私が変わるきっかけになったのは、子ども達が、当時住んでいたアメリカ・アラスカ州でギフテッド認定を受け、「ギフテッド・プログラム」に関わる中で、「**過度激動**」という言葉に出会ったことです。

一般に「ギフテッド」とは、十代前半で有名大学に受かるなど、平均よりも高い知的能力を持っている人、と解釈されていますが、実はもっと多彩な特徴を持っています。

「過度激動」と呼ばれる、**情動の強烈さ**もその一つです。
周囲の物事からの刺激を人一倍強く感じるために、怒り、恐れ、喜び、悲しみなどの感情の動きもまた並外れて強いことを指します。

私の5人の子ども達は、いずれも過度激動の持ち主でした。

過度激動は一つの性質であり特徴であること、過度激動という特徴を持つ子や人が少なくはないことを知って、どんなに気が楽になったことでしょう。

また、過度激動という特性を世に知らしめたポーランドの心理学者・精神科医のカジミェシュ・ドンブロフスキ氏は、「過度激動によって生じる内面的な葛藤や苦痛こそが人を成長させる」とも説いています。

つまり、「敏感さ」は、決して子どもの成長を妨げるものではなく、逆に、子どもの成長をうながすものになり得るということなのです。

ドンブロフスキ氏の考え方を知って以来、私は、子ども達の敏感さに対してネガティブにとらえることをやめ、よりよい面に目を向けるようになりました。

もう一つ、私を導いてくれたのは、心理学者のエレイン・アーロン博士の著書『The Highly Sensitive Child』（邦題『ひといちばい敏感な子』）でした。

この本で**「ＨＳＣ（高度に敏感な子ども）」「ＨＳＰ（高度に敏感な人）」**という概念と出会い、アーロン博士の論文などを読み込むうちに、過度激動とＨＳＣ・ＨＳＰの敏感さについて、アーロン博士が「同じコンセプト」と考えていると知りました。

過度激動は、「ＨＳＣ」や「ＨＳＰ」の特徴でもあるのです。

そこで私は、子ども達の敏感さについての謎が、スルスルと解けていくのを感じました。

敏感さはギフトです。

私自身の認識が変わることで、子どもの行動への理解も進み、より対処もしやすくなっていきました。

そして、「では、敏感な子が、健やかに伸びていくための関わり方とは？」

と、問い続ける旅が始まりました。

私達親子は、こうして過度激動とＨＳＣという考え方を通し、子どもの敏感さについての理解を深め、より適切な関わり方を少しずつ実践することで、生きやすさを手に入れました。日々の生活を、より楽しめるようになったのです。

「神経質」「気にしすぎ」「シャイ」「大げさ」「引っ込み思案」「内気」「臆病」「人見知りが激しい」など、敏感な性質というのは、ネガティブにとらえられがちです。でも、過度激動とＨＳＣという考え方は、敏感さのポジティブ面を理解することを助けてくれます。

敏感な性質をポジティブにとらえれば、好奇心が旺盛で、感受性が豊かと言うことができます。たとえば、誰も気に留めないような道端の花にも心が動き、その花についてより深く知りたいと思ったり、絵に描いて残しておきたいと思うような性質です。

物事に対して強烈に心が揺さぶられ、その結果夢中で考え、探索し、分析し、表現していく中で、その子の能力や感性は自ずと磨かれていくでしょう。

感受性の豊かさは、能力や情緒を成長させる源なのです。

敏感っ子とは、こうした感受性の強さを持って生まれてきた子達です。

敏感っ子達が、周りの物事をどのようにとらえているかをよく表している詩を紹介しましょう。小説『大地』で有名なアメリカのノーベル賞作家、パール・バックの詩で、「過度激動」の説明でもたびたび引用されています。

彼にとって
触れることは強打
音は騒音

不運は悲劇
喜びはエクスタシー
友達は愛する人
愛する人は神
失敗は死

（筆者訳）

敏感っ子は、この詩の描写のように物事を強烈に感じるため、他の人より何倍も疲れやすかったり、落ち込みやすかったりします。そして、周りとは違う感じ方をする自分は「おかしい」と悩み、周りと同じように行動できない自分を責め、生きづらさを抱えがちです。

ですから、**敏感っ子の子育てでは、まずはこうした生まれ持った性質を理解し、敏感さのよさを認めることが大切です。**さらに、環境を整え、生きづらさの原因に対応できる力を培うような「関わり方」を心がけることです。

敏感っ子にとっては、大人がよかれと思ってする「一般的なしつけ」が、ネガティブにしか働かないことも多々あります。

この本は、敏感っ子の子育てで心がけたいことについて、みなさんに具体的に実践していただけるよう、国内外の文献研究と、それぞれ違った敏感さを持つ我が家の5人の子をはじめ、これまで関わった様々な年齢や文化背景を持つ親子の事例を基に、まとめてあります。

敏感っ子の子育てが、少しでも楽になりますよう、そして、1人でも多くの敏感っ子が、社会で力を発揮できるよう、心より願っています。

第2章 敏感っ子がのびのびと育つ関わり方9のポイント

第3章 敏感っ子が主体的な子どもに育つ接し方

第4章　敏感っ子の子育てがラクになるお母さんのセルフケア

第1章

「敏感っ子（HSC）」を理解しよう

1 「敏感っ子（ＨＳＣ）」かどうかがわかるセルフチェックリスト

うちの子もとても繊細で思い当たることがあるけど、ＨＳＣなのかしら？

そう考える方は多いと思います。

「はじめに」でも触れましたが、「ＨＳＣ」とは「ハイリー・センシティブ・チャイルド（Higly Sensitive Child）」の略。周りの物事に敏感に反応する子どものことです。大人になると、「ＨＳＰ（Higly Sensitive Person）」と呼ばれます。

「ＨＳＣ」「ＨＳＰ」という言葉を生み出した心理学者のエレイン・アーロ

ン博士は、著書『The Highly Sensitive Child』の中で、子どもがＨＳＣかどうかを、親が自分である程度判断できるよう、チェックリストを設けています。

ここに紹介しますので、まずはみなさんのお子さんが当てはまるかどうか、チェックしてみてください。

☑びっくりしやすい。
☑服のタグや縫い目、肌触りなど、身に着けるものの不快さを訴える。
☑サプライズプレゼントなどをしても、おおむね喜ばない。
☑厳しく叱ったり罰を与えるよりも、穏やかに諭すほうが理解しやすい。
☑私の心を読んでいるように感じる。
☑年齢にしては難しく複雑な言葉を用いる。
☑微妙に異なる匂いに気がつく。
☑冴えたユーモアのセンスがある。

☑とても直観的に見える。
☑日中興奮すると、夜なかなか寝つけない。
☑大きな変化に対応できず、普段できていることもできないことがある。
☑服が濡れたり汚れたりすると、すぐに着替えたがる。
☑質問が多い。
☑完璧主義。
☑他者の悲しみや苦しみによく気がつく。
☑静かな遊びを好む。
☑深く考えさせられるような質問をする。
☑痛みに対してものすごく敏感。
☑うるさい場所が苦手。
☑何かを動かしたとか、人の見た目の変化など、ささいなことに気がつく。
☑高いところに登る前に安全かどうかよく確かめる。

☑見知らぬ人が傍にいないほうが、うまくパフォーマンスできる。
☑物事を深く感じる。
（アーロン博士のチェックリスト「Is Your Child Highly Sensitive?」より、アーロン博士の許可を得て掲載。筆者訳）

アーロン博士は、こうした特徴に13項目以上当てはまるなら、その子はおそらくＨＳＣであるとします。一方、たとえ当てはまる項目が13項目以下でも、とてもよく当てはまると思われる項目が数個でもあれば、その子はやはりＨＳＣである可能性が大きいとしています。
アーロン博士によると、こうした敏感な性質を生まれ持つ人間は、全人口の15％から20％に見られるとされています。

2 「敏感っ子」には四つの特徴がある

セルフチェックの結果はいかがでしたでしょうか。

うちの子、やっぱりＨＳＣみたい……と納得された方もいれば、まだよくわからないという方もいらっしゃると思います。

ここでは、ＨＳＣについて、もう少し理解を深めていきましょう。

アーロン博士は、ＨＳＣとＨＳＰの性質として、四つの特徴を挙げています。四つの特徴は、それぞれの英語のフレーズの一部をとって「ＤＯＥＳ《ディー・オー・イー・エス》」と呼ばれています。四つの特徴すべてに当てはまれば、ＨＳＣ・ＨＳＰの可能性がとても高いと考えられています。

ＨＳＣ・ＨＳＰの四つの特徴「ＤＯＥＳ」

①情報を深く処理する（Depth of Processing）

「情報を深く処理する」ことは、ＨＳＣ・ＨＳＰの中心的な特徴です。もう少しわかりやすい言葉で言うなら、**物事を深く考えたり感じたりする傾向が強い**ということ。そのため、子どもとは思えないような本質的な質問をしたり、大人びた言葉遣いをすることもあります。

また、あれこれと考えすぎて一歩が踏み出せないこともよくあります。

②刺激を過度に受けやすい（being easily Overstimulated）

視覚、聴覚、味覚、嗅覚、触覚の五感がとても敏感なのも、ＨＳＣ・ＨＳ

Ｐの特徴の一つです。

我が家の例で言えば、次男はとてもまぶしがり。また、音が大きすぎるのが嫌で、幼稚園に通えなくなりました。

味覚の面では、５人の子どもそれぞれにどうしても食べられない味がありました。お皿やお弁当箱の中で、料理の味が混ざるのも嫌がります。

嗅覚についても、やはり全員が敏感で、驚くべきことに匂いでオムツのブランドを言い当てることができます。

触覚については、みな、服のタグがチクチクすると言って、すべて切ってほしがりました。袖口の締まり具合や首のあき具合などにもうるさく、どうしても着ることのできない服が何着もありました。

③感情移入しやすく、共感力がとても高い (being both Emotionally reactive generally and having high Empathy in particular)

「ＤＯＥＳ」の「Ｅ」は、「Emotionally（感情的な）」と「Empathy（共感）」の「Ｅ」です。ＨＳＣ・ＨＳＰは、**人の感情に敏感で、共感力が高く、感情移入をしやすい**という特徴があります。たとえば、怒られているお友達を見ると、まるで自分が怒られているかのようにおびえて泣いてしまったり、ケガをした人を見ると、痛みに共感して、ケガをした本人よりも激しく泣いたりします。

相手の気持ちを推し量りすぎるきらいがあるため、自分の気持ちを抑えて相手に合わせようとする傾向も見られます。外で我慢している反動で、家庭で癇癪を起こすケースもあります。

④わずかな刺激にも気づく（being aware of Subtle Stimuli）

繊細で感覚が鋭敏なＨＳＣ・ＨＳＰは、遠くの鳥の声や、いつもと違う香り、微妙な味や色彩の違いに人よりよく気づきます。対人関係でも、相手の声のトーンやわずかな視線の動き、ちょっとした仕草を見落としません。

こうして見ると、彼らＨＳＣ・ＨＳＰは、他の人なら気にならない程度の刺激でも、とても強烈に感じているということがわかります。

我が家の子ども達は、風の強い日を嫌がり、そんな日に外出すると泣いていました。当初は「どうしてこれくらいの風で？」と呆れたりイライラしたりしていたのですが、ＨＳＣ・ＨＳＰのことを知るにつけ、子ども達の反応が理解できるようになりました。

彼らは常に、どこにいても五感をフル回転していますから、刺激や情報が強すぎたり多すぎたりすると、「もう限界！」となりやすいのです。

こうしたＨＳＣ・ＨＳＰの特性、「ＤＯＥＳ」を知ることで、みなさんのお子さんに対する見方も少しずつ変わっていくといいなと思っています。

「DOES」でよく見られる特徴

D：Depth of Processing ・賢いユーモアのセンスがある ・あまりにも多くの可能性を考えるため決められない　など
O：Easily Overstimulated ・変化や痛みへの反応が極端 ・暑さ寒さ、靴の中の小石、塗れたりチクチクする服などについて文句を言う　など
E：Emotional reactivity and Empathy ・完璧主義、または小さな間違いに強烈に反応する ・あなたの心を読む　など
S：Sensitive to Subtle Stimuli ・人や場所の微妙な特徴の変化に気づく。家具が移動したなど ・声のトーン、ちらりと見る、鼻であしらうなどや、小さな励ましにも気づく　など

※すべての特徴が見られるわけではありません。

Elaine N. Aron「The Highly Sensitive Child: Author's Note, 2014」より筆者訳

3 「過度激動」という性質についても知っておこう

「なんでこの子達は、こんなに育てにくいのだろう？」

「私の育て方の何がいけないのだろう？」

とても敏感な子ども達への対処に悩み、途方に暮れていた日々。

そこに大きな変化をもたらしてくれたのが、「はじめに」でお話ししたように、「**過度激動**」という考え方でした。

過度激動とは、ポーランドの心理学者で精神科医のカジミェシュ・ドンブロフスキ氏が、多くのギフテッドの人々を観察する中で提議した概念です。人並み外れて感覚が鋭敏なため、周りの物事からの刺激をより強く感じて強く反応する、生まれながらの特性を言います。

過度激動は、次の「五つの領域」に分類されます。どれか一つ、または、複数の領域に当てはまれば、その子には、過度激動の特徴があるとされます。

過度激動の五つの領域

①感覚性(Sensual)の過度激動

見る、聞く、匂う、味わう、触るといった感覚的なことに、強い快感や不快感を感じ、周りが大げさと感じるほど過度に反応することがあります。また、美しいものや音や形や色などに、強い喜びを感じます。衣類のタグの感触やクラス内の雑音、カフェテリアからの音などに気が散り、学校の課題に集中できないことがあります。

②精神運動性(Psychomotor)の過度激動

身体的、または精神的にエネルギーがあふれていること。身体的には、動くことが好きで、感情の高まりや興奮が、チックや爪かみなどに表れることがあります。競争心の強さとして表れることもあります。精神的には、外からは大人しく見えたとしても、内面では思考や気持ちが激しく動き続けています。また、早口で話し続けることもあります。

③知性(Intellectual)の過度激動

理解と真理を求め、知識を得て物事を分析・統合したいという強い願いを持っています。活発な心と強い好奇心を持ち、通常、鋭い観察眼を持っています。長時間集中して知的な努力を続けることができたり、その気になれば粘り強く問題解決にあたることができます。緻密に計画を立てることを楽しみ、見たことを細部にわたって非常によく覚えています。論理的であることを愛し、思考することそのものや、倫理・道徳・社会問題についても考えをめぐらせます。また、独自性の強い考え方をすることがあり、ときに批判的な態度をとることもあります。

④想像性(Imaginational)の過度激動

詳細に心に思い浮かべたイメージや隠喩をよく用います。細部まで具体的な夢を見たり、お話を空想したり、そうした作り話と現実を混同したり、想像上の友達がいることもあります。創造性や想像力よりも、決まった学習カリキュラムを優先するようなクラスでは、授業のペースに合わせるのが難しいこともあります。課題に向き合うときも、頭の中が別の想像でいっぱいになっていると、終わらせるのが困難になることがあります。

⑤感情性（Emotional）の過度激動

感情が激しく高ぶることがあり、様々な感情が極端な方向に振り切れることがあります。他人の感情をよく察知でき、強い感情表現をすることがあります。人間関係というものを非常によく理解し、人・物・場所などに強い愛着を持つことがあります。思いやりがあり、共感力が高く、人間関係に敏感です。また、自分自身の感情自体を鋭く認識していることもあり、しばしば自問自答を続けます。強い感情が、赤面や胃痛などの身体的な症状となったり、死を恐れたりウツになったりすることもあります。他人に対する思い入れが強すぎたり、感情が激しすぎたりすることがあり、宿題や家事などの毎日の日課をするのに支障をきたす場合もあります。

いかがでしょう。先ほど紹介した「ＤＯＥＳ」と共通する点も多いと思います。

気をつけたいのは、敏感っ子は、状況によって過度激動を外に対してわかりやすく表すこともあれば、表さないこともあるということです。

敏感っ子は、その場の空気をよく読み取るため、知らない人の前では静かにじっとしていたり、感情をあけっぴろげにしない子も多いものです。それでも、その子の内面では、多くの場合、思考や気持ちや感覚が強烈に動き続けていることを、親である私達は忘れてはいけません。

遠慮のいらない家族の前でだけ、堰を切ったように勢いよくしゃべり続けたり、ひそかに宿した強い競争心を表したり、快不快の感覚を激しく表現したり、癇癪を爆発させたりすることが、敏感っ子にはよくあります。

家の外で抑え込んだ思いや感情が、家族の前ではあふれ出るとなれば、親も大変ですが、本人も相当大変な思いをしていると理解してあげましょう。

4 「敏感さ」はその子を成長させてくれる「ギフト」

外界からの刺激を人並み外れた敏感さで受け止めてしまう特徴は、周囲の身近な人間や本人にとって、苦しいことも多いものです。周りの子どもがなんとも感じない校内放送の音や、先生の声のトーンまでが、強烈に気になってしょうがないのですから！

ところが、「過度激動」を世に紹介したドンブロフスキ氏は、こうした**周りの物事を強烈に感じることで生じるつらさや苦しさが、その子を高度に成**

長させると説きました。
苦しみが子どもを成長させるとは、どういうことでしょうか。

子どもの「敏感さ」をポジティブにとらえよう

たとえば、他の子に玩具を取られて泣いている子を見て、同じように悲しい気持ちになったとしたら、その子の心の中にはどのような変化が生まれるでしょうか。

玩具を取っていった子をじっと観察したり、「あの泣いている子に、他の玩具をあげたらハッピーになるかな」と考えるかもしれません。そんなふうに他者の気持ちに共鳴して感じ入ることで、その子は人の気持ちをより理解する機会を手にします。

そうした体験が何度も繰り返されるうちに、その子は、人の心について人一倍洞察できるようになるはずです。

また、もし、事件や事故などで人が悲しんでいるニュースに共感し、胸が締めつけられるような思いをする子ならば、「どうしてこんなつらいことが起こってしまうのだろう？」「どうしたら、こうした出来事が世の中からなくなるだろう？」というように、社会に対して、より深い問いを持つこともあるかもしれません。

音への敏感さは、心地よい音楽を創り出す助けになるでしょう。

相手の声のトーンや表情への敏感さは、人の心理への洞察を深めるのに役立ちます。

匂いや味への敏感さは、食材や調味料の微妙な違いに気づくことに役立ち、料理の分野で重宝されるでしょう。

感触についての敏感さは、より快適な肌触りやデザインの衣服を作ることに活かされるかもしれません。

社会問題に痛む心は、社会学の探究や社会活動の源となります。

こうして、強く敏感に感じるということは、特定の分野をより深く掘り下げ、専門性を高めることにつながります。つまり、**強烈な敏感さとは、その子の力を、より高度に引っ張り上げる機会を与えてくれる「ギフト」と言える**のです。

過度激動、また、ＨＳＣというコンセプトを理解することで、私は、敏感さが秘める可能性に、少しずつ目を向けられるようになっていきました。子どもの敏感さを、泣き虫で、弱虫で、集団から浮いてしまう「厄介なもの」ととらえ、ため息をついていた日々から、子どもの持つポジティブな面を見出すことができるようになっていったのです。

5 「敏感っ子」が健やかに育つ環境と関わり方

ＨＳＣという考え方は、子どもの「敏感さ」について、二つのことを明確にしてくれます。

一つ目は、とても敏感であるというのは、その子が生まれ持った性質であり、親の育て方のせいではないということ。二つ目は、何らかの病気ではなく、「個性」だということです。

アーロン博士は、こうした敏感な個性は、適切な環境や周りの大人の関わり方によって、健やかに伸びていくと言います。

一方、「なんであなたは当たり前のこともできないわけ？」などと言われ続けるような環境にいたら、自分を強く否定してしまうようになり、ウツや不安症になるなど、より大きなダメージを受けてしまう可能性があるともしています。

ＨＳＣの特性を考えれば、それは当然のことでしょう。敏感っ子は、持ち前の鋭い感受性で、周りの物事の細部まで気づき、強烈に反応してしまうのです。

ＨＳＣのこうした特性を踏まえて、アーロン博士はＨＳＣの子育て期間の重要さを熱心に説いています。ＨＳＣの本を書いた理由の一つも、子ども時代につらい思いをしたＨＳＰがあまりにも多いため、親達に同じ過ちを犯してほしくないからだと述べています。

まずは家庭を子どもにとって「安全な基地」「充電の場」にしよう

アーロン博士によれば、敏感っ子の子育てでは、どんな教育環境やカリキュラムよりも、まずは家庭が大切。なぜなら、これまでもお話ししてきたように、敏感っ子は常に大変な量と強さの刺激にさらされています。その分、自分を理解してくれる「**味方**」や「**安全な基地**」や「**充電の場**」が必要なのです。

もし、敏感っ子にとって家庭が安心できる場でなければ、彼らはどこで心と身体を休めればいいのでしょう。

私は、HSCへの理解が深まるにつれ、子ども達を育てるための環境や関わり方を整えることの大切さを実感するようになりました。具体的には第2章以降で紹介しますが、それは、ほんの少しの心がけで実現できます。

6 「敏感っ子」には内弁慶が多い

前節で、敏感っ子にとって家庭は「安全な基地」や「充電の場」にならなければいけない、という話をしましたが、私も最初のうちはそんなふうに考えることはできませんでした。

初めての場所や知らない人の前ではとても大人しくて無口なくせに、家に帰ると癇癪を起こして泣き叫びまくる子どもも達に対して、「わざと困らせてるの？」と、腹を立てることのほうが多かったのです。

「外ではできるのに、なんで家ではできないの⁉」

当時はいつも金切り声をあげていました。

ＨＳＣへの理解を深めた今は、私の行動が子ども達をよけいに追い詰め、消耗させていたことがよくわかります。

敏感っ子が、どのように世界と向き合っているのか、そして、その子なりに家の外でどれほど頑張っているのか、その子の立場から想像してみる習慣をつけましょう。

すると、親としてどう関わるのが適切なのかが、少しずつ見えてきます。

「敏感っ子」は、どんなふうに世界と向き合っている？

「敏感っ子」とは、周りの大多数の人間が見過ごすような細かなことにまで気づき、強烈に反応してしまう子。こうした子が、新しい場や集団の中で過ごすとき、どういう状態になるのでしょう？

ありとあらゆる刺激が自分の内になだれ込み、圧倒されてしまって、普段ならすんなりできていることもままならなくなるのは、想像に難くありません。挨拶がうまくできなかったり、友達の輪に入れなかったり。思うまま自由にふるまうこと自体、難しく感じているかもしれません。

また、共感力の強さから、その場のルールや、他者から何を期待されているかを敏感に察するため、自分を周りに必死で合わせて、とても「いい子」になることもあるかもしれません。

我が家の次男も、このタイプでした。ルールを守ることに一生懸命で、学校では、月に一度選ばれる「模範生徒」のメダルをしょっちゅうもらっていました。一方、家に帰れば、毎日のように激しい癇癪を起こしていたのです。

自分の気持ちを極端に我慢して一日を過ごし、家に戻ってきたときはもうヘトヘト。気の置けない家族の前で、抑え続けた感情が一気に爆発してしまうのは、とても自然なことでしょう。

ＨＳＣについて学んだ今なら、「この子達は、家の外で必死に頑張っている」と理解できます。しかし、かつての私は、癇癪を起こしている状態だけを見て、「外ではいい子にできるのだから、ママの前でもそうしなさい！」と、子どもの気持ちを抑えつけ、「いい子」のふるまいを強制していました。

それでは、子どもは本当の自分、本当の気持ちを表す時と場を失ってしまいます。本当の気持ちは内に向かい、誰にも理解してもらえない「痛み」として心にたまっていくでしょう。いずれ、何らかの問題行動となって表れるかもしれません。

みなさんにぜひ理解していただきたいのは、**敏感っ子は外でとても疲れて帰ってくる**ということ。それが**癇癪となって表れる**ということです。ですから、癇癪を起こした子どもに対して怒ったり、突き放すのはできる限りやめてください。癇癪を起こした子どもに対しては、抱きしめて温もりに包み、癒してあげるようにしましょう。

7 「敏感っ子」の中にも内向的な子と外向的な子がいる

「うちの子はとても敏感なところもあるけど、臆病な感じではないんですよね。好きなことには猪突猛進していくタイプですし」というお母さんの話を伺ったことがあります。

「敏感っ子」と言うと、一般的には繊細で、物静かで、内向的な子をイメージする方が多いのではないでしょうか。けれどもアーロン博士によれば、**ＨＳＣの３割は外向的な子ども**だとされています。

ここでは、内向的なＨＳＣと外交的なＨＳＣ、それぞれについて関わり方の注意点などをお話しします。

敏感で内向的な子も、外出や人が嫌いなわけではない

とても敏感で内向的な子は、人が苦手だったり、外へ出ていくことが嫌いといったイメージを持たれやすいものです。しかし、実際はそうとは限りません。

敏感で内向的な子は、あくまで刺激に敏感なだけであって、一人で静かに自らを取り戻すダウンタイムさえ得られれば、人に会うことも、外出することも、むしろ好きな子も多いのです。

科学技術振興機構（ＪＳＴ）の「赤ちゃんの人見知り行動」に関する研究[1]によると、人見知りの強い赤ちゃんは、母親以外の人を「怖い」と感じる気

(1) Yoshi-Taka Matsuda, Kazuo Okanoya, Masako Myowa-Yamakoshi. (2013) "Shyness in early infancy:Approach-avoidance conflicts in temperament and hypersensitivity to eyes during initial gazes to faces."PLOS ONE,doi:10.1371/journal.pone.0065476

持ちが大きいものの、同時にその相手に対する「近づきたい」という興味や関心も大きく、こうした心の葛藤が、人見知りを引き起こすのではないかとされています。単なる怖がりではなく、「近づきたいけど怖い」という状態だそうです。

敏感っ子を見ていると、こうした赤ちゃんの様子と重なります。人や外の世界が嫌いだったり苦手だったりするのではなく、実は、大いに興味があるのです。しかし、強烈な刺激を感じるために、まっしぐらには近づいていけないのです。

敏感で内向的な子が、新しい人に会ったり、外に出ていくことに躊躇するようであれば、刺激に少しずつ慣らす機会と、刺激から回復する機会をたっぷりと整えてあげましょう。

たとえば、「今日はお友達の○○ちゃんは何して遊びたいって言うかな？」など、本来その子が持つ好奇心を思い出すような言葉をかけ、その子のペースで踏み出していくことを助けてあげたいものです。

外向的なHSCは、アクセルとブレーキを同時に踏み続けている状態

では、敏感でありながら、外向的な子とは、どういう子なのでしょうか？

アーロン博士は、敏感でかつ外向的な子を、「**HSC／HSS（ハイリー・センセーション・シーカー：刺激追及型）**」と言います。敏感であると同時に、新しいことや冒険といった刺激が大好きで、まるで「アクセルとブレーキを同時に踏み続けているような状態」と表現しています。

外向的なHSCは好奇心旺盛で、積極的に外の世界へと飛び出していく一方、とても敏感でもあるので、そこで出会った新しい物事に圧倒され、志半ばで疲弊してしまう場合が見られると言います。そして持ち前の感受性の強さゆえ、思い描いたようにはうまくいかなかったことへの葛藤や落ち込みも、より深くなってしまうことがあります。

我が家の子ども達の何人かも、幼い頃は周りの誰もが呆れるほど泣き虫で怖がりだったのに、大きくなるにつれ外向的な面が強くなっていきました。傍で見ていると、幼い頃は好奇心よりも物事に対する「怖さ」が先立っていたのが、年を経るごとに知識が増え、論理的に考える力も発達することで、怖さより好奇心のほうが勝るようになり、どんどん冒険好きになっていったように思います。

とは言え、「強烈な敏感さ」はそのままですから、周りが少し気をつけてあげる必要があります。たとえば**活動の合間に、短くてもよいのでホッと身心を休めることのできるダウンタイムを挟むよう調整します。**

外向的なＨＳＣは、旅行などをすると、あっちもこっちも行きたいと気持ちがどんどん先走ります。しかし、子どもの希望通りに行程を組むと、結局心身のキャパシティーをオーバーしてしまい、本人も途中からぐったりとしてしまうことが多いのです。さらに、計画通りにいかないことに癇癪を起こすこともあります。ですので、我が家では必ず事前に話し合い、少しゆったり目のスケジュールを組むようにしました。その結果、今では旅を何倍も楽しめるようになりました。

周りが呆れるほど泣き虫で怖がりだった長男も、19歳となった今では、自転車で3か月かけて一人でアメリカ横断するなど、子ども時代の様子からは誰も想像できなかったような人生を送っています。ただし、旅の予算や走行距離などを細密に計画・記録するなど、大胆さと敏感さは共存し続けています。

8 ＨＳＣと発達障害の違いを知っておこう

この章の最後に、私がセミナーなどでよく受ける質問、「ＨＳＣと発達障害の違い」について、お話ししたいと思います。

敏感さゆえに集団から浮くことがある場合、発達障害の可能性を考える方も多いと思います。ところが、発達検査をしてみても、はっきりとした診断がつかない、もしくは、診断はついたけれど何だか腑に落ちない、そう相談に来られる方もいます。

ＨＳＣと発達障害には、感覚過敏など共通する特徴があります。子どもの言動からは、どちらともとれる場合も多いようです。

発達障害自体、「グレーゾーン」と言われる子ども達がいることからもわかるように、「ここからが発達障害」とはっきりした境界線や数値的な診断基準があるわけではありません。さらに、日本ではまだＨＳＣは発達障害ほど知られていない概念ですから、この二つはよく混同されています。

しかし、ＨＳＣと発達障害には、明確な違いがあります。

ＨＳＣと自閉症スペクトラムとの違い

アーロン博士は、**ＨＳＣと自閉症スペクトラムの違いは、「社会性」にあると言います。**

自閉症スペクトラムの子は、その場の空気や相手の気持ちを読み取ることが苦手で、時に相手の興味のないことを声高に話し続けたり、場に適さない行動に没頭し続けることがあります。

一方、ＨＳＣは逆に、その場の空気や相手の気持ちに敏感です。周囲の情報や刺激が多すぎてパニックになったりしていなければ、ＨＳＣの子どもはむしろ場の雰囲気や相手の意向に合わせようと努力するでしょう。

先ほどお話ししたＨＳＣの特徴である「ＤＯＥＳ」に、「情報を深く処理する」という性質がありました。

アーロン博士は、ＨＳＣには受け取った情報について深く考える特徴があり、そのためあまりにも情報や刺激が多すぎると、圧倒されて混乱してしまうのだと分析しています。一方、自閉症スペクトラムの場合は、自分になだれ込む刺激に感じる快や不快といった感覚自体に、混乱してしまう場合が多いと言います。

ＨＳＣと注意欠如・多動性障害（ＡＤ／ＨＤ）

ＨＳＣと混同されやすいのが、「**注意欠如・多動性障害（ＡＤ／ＨＤ）**」です。とても敏感な子は、周りの物事に細やかに気づきますから、しょっちゅう気が散っているようにも見えます。

教室でも、他の子が鉛筆を落とした、窓から風が吹き込んだ、外で誰かの叫び声がした、先生が咳をしたといった細かなこと一つひとつに反応して、取り組んでいた課題から顔を上げる子がいます。そして、気になった状況をじっと眺め続けるのです。

アーロン博士は、ＨＳＣの場合、気がそれたとしても、課題を終わらせるということについての注意も十分払っているため、再び注意を戻し、課題に取り組む場合が多いと言います。一方、注意欠如・多動性障害の場合は、気がそれたまま、課題に向き直ることに支障が出てしまう場合が多いと言います。

ただし、ＨＳＣも周りからの刺激があまりに強かったり長時間だったりすると、課題に集中し直すことが難しくなります。ですから、ＡＤ／ＨＤとＨＳＣについて理解する際は、その子が置かれた環境を見直してみるのが大切とのことです。

診断をつける意味は、よりその子に適した支援をするため

発達障害とＨＳＣには明確な違いがあるとは言え、発達障害であるとともにＨＳＣである場合もあるとされています。

ですから、発達障害かＨＳＣかの線引きをするのは、とても難しい場合があるのです。もし、気になることがあったら、ぜひ、小児精神科医や臨床心

理士といった専門家に相談することをおすすめします。

しかし、ここで心に留めていただきたいのは、発達障害かHSCかを判別することと自体には、さほど重要性はないということです。

判別したり、診断をつけたりするのは、ひとえに、その子がより適切な関わりや支援をスムーズに受けられるようにするためです。

発達障害やHSCといった分類は二の次であり、その子が健やかに伸びていくことが最も大切です。そのための診断であることをあらためて認識し、その子が必要とする情報や支援へとつなげていってください。

第2章

敏感っ子がのびのびと育つ関わり方9のポイント

1 他とは違う子の親になるなら、他とは違う親になる覚悟が必要

「他とは違う子の親になるなら、他とは違う親になる覚悟が必要です」

アーロン博士は著書でそう述べています。

私がその覚悟を決めたのは、次男が5歳、幼稚園の年長になったときでした。

米国アラスカ州の学校では、年長から「キンダー」といって、小学校と同じ校舎で終日、週5日過ごします。その前のプレスクールで激しいチックが出て、3か月間でドロップアウトした次男は、キンダーにも「行きたくない」

と毎日泣きべそをかいていました。理由を聞くと「音が大きすぎる」とのこと。そこで、担任の先生に相談すると、イヤマフをすることをすすめられました。

そんな状態から、次男は少しずつ時間をかけて出席時間を増やし、徐々に環境に慣れていったのですが、ランチを食べる食堂にだけは、どうしても足がすくんで中に入ることができませんでした。理由は、生徒の間で「学校一怖いスタッフ」と評判のランチ係の人が怖くてたまらないから。そこで、担任の先生と相談して、私がランチの時間に行って、次男の隣に座ることになりました。

みなさん、想像してみてください。学校の食堂にガミガミ怒るスタッフがいるから怖くてたまらない５歳の我が子の手を握るために、毎日、昼になると通う親。

「過保護なんじゃないの？」「親がそんなふうだから、子どもが自立できないのよ」そんな声が聞こえてきます。

もし、「ＨＳＣ」の存在を知らなければ、私だってそういう親に対し「世話を焼きすぎ。初めは泣いていても、放っておけば慣れていくものよ」と思ったでしょう。

しかし、次男の前に４人の敏感っ子を育てた私には、その一見過保護な対応が、そのときの次男にはどうしても必要だとわかっていました。だから、周りからの視線を感じつつも、「まあ、私があなたでも、そう思うだろうね」と、やり過ごすことができたのです。

子どもが「とても敏感」なのはあなたの育て方のせいではない

敏感っ子を育てた母親として、私には声を大にしてみなさんに伝えたいことがあります。

それは、**あなたの育て方のせいで、その子が敏感っ子になったわけではな**

いということ。元々敏感っ子だから、親は、周りとはちょっと違う対応をする必要があるのです。

その子のペースに寄り添って歩いていけば、やがてその子は一人で、自分のペースで歩き始めます。そして、寄り添ってくれたあなたのことを思い出すたびに、温かい気持ちになるでしょう。

この章では、ちょっと違った関わり方をする必要がある敏感っ子が、生き生きと力を発揮できるようになる、次の「９のポイント」をお伝えします。

①「突き放す」と「守り切る」の〝間〟の対応をする
②長い時間をかけて細かく「足場」を設定する
③自分の思いや気持ちを表すように勇気づける
④「ネガティビティ・バイアス」に支配されないようにする
⑤強い感情とうまくつき合う力とスキルを養う

⑥子どもにネガティブなレッテルを貼らない
⑦好き・得意・夢中になれるものを作る
⑧子どもの味方になり、安全な基地・充電場を築く
⑨罰や報酬を与えたり、脅したり、人格を否定する叱り方をしない

２ ポイント①

「突き放す」と「守り切る」の〝間〟の対応をする

敏感っ子が健やかに育つための関わり方として、多くの研究者の意見が一致するのが、**「突き放す」と「守り切る」の〝間〟の対応をする**ということです。

「突き放す」と「守り切る」の〝間〟の対応とは、いったいどんな対応でしょうか？

アメリカの小児精神科医で、ベストセラーになった子育て本を書いたダニエル・シーゲル氏は、「ダライ・ラマ平和教育センター」のユーチューブチャンネルで公開されているインタビューで、次のように説明しています。

プールでの誕生会に呼ばれたものの、水が怖くて「行きたくない！」と泣く子。何とかなだめられ会場に着いたけれど、お母さんにくっついたまま離れません。他の子ども達がキャーキャーと水に飛び込み、水しぶきを上げている様子を、お母さんの陰から、じっと観察しています。その子以外の子ども達はみな、水の中で楽しそうに遊んでいます。

お母さんの内に、様々な気持ちが湧きあがります。

「この子はいつもこうなんだから！　なんで他の子のようにのびのびと楽しめないの？　ママ友が言うように、やっぱり私が甘すぎるのかしら。今日は無理にでも水に入れて鍛えてやらないと！」

同時に、こんな気持ちも感じます。

「この子はこんなに怖がっている。大丈夫、私が守るわ。水になんて一切入らなくていいのよ」

前者の気持ちが「突き放す」、後者の気持ちが「守り切る」です。シーゲル氏は、敏感っ子にとって最も適切なのは、こうした二つの〝間〟の対応だと言います。

「やってみたら案外、悪くなかった」という体験を重ねさせる

「間の対応」の具体例を挙げてみましょう。

たとえば、お母さんと一緒に、まずは足だけでも水につかってみます。そこから水の中で足をばたばたさせ、水しぶきを上げ遊んでみます。お子さんは顔に水がかかるたびに気になって、遊ぶのをやめて何度も顔をぬぐうかもしれません。それでも次第に慣れて、少しぐらい水しぶきが顔にかかっても、だんだん気にしなくなっていくでしょう。

次に、プールに入ってみましょう。立ったままで顔はつけず、出たり入ったりしてみます。繰り返すうちに、浮き輪をつけてなら水の中に入れるようになるかもしれません。そうしたらお母さんは浮き輪の端を持ち、お子さんと並んでゆっくりと水面を移動してみましょう。隣でお母さんが楽しそうにしている様子を見たら、お子さんも「水の中も、そんなに悪くないかもなあ」という気持ちになるかもしれません。そうなったらもう、万々歳です。

こうした「嫌だったけど、やってみたら案外、悪くないかも」という体験が重なることで、いつか他の子達と一緒に、バシャバシャとはしゃげる日が訪れます。

我が家の長男が、水に初めて顔をつけることができたのは、6歳になってからでした。三女も水泳教室でおびえて泣き、最初の数か月間は見学していました。それでも、小学校中学年になる頃には、二人とも、水泳チームに入るほど泳ぐことが好きになっていました。他の子達の何倍も時間はかかりましたが、自分に合ったペースで水に慣れていったのです。

こんなふうに、「初めは怖くて嫌だったけど、案外悪くないかも。結構楽しいかも」といった体験を少しずつ重ねさせてあげれば、きっとその子は、自分で引いた「苦手」という境界線を少しずつ押し広げて、無理なく取り組める範囲を広げていくことができるでしょう。

「間の対応」を重ねることは「筋力トレーニング」のようなもの

「突き放す」と「守り切る」の〝間〟の対応をコツコツと続けることは、筋力トレーニングに似ています。

ダンベル運動を想像してみてください。重すぎるダンベルを持ち上げ続けていたら、筋肉が鍛えられるどころか、身体を傷めてしまいます。とは言え、軽すぎるダンベルでトレーニングしても、筋肉は鍛えられません。

筋肉を鍛えるコツは、「少し負荷がかかる」ぐらいのダンベルを使うことです。そうすれば身体を傷めることなく筋力がつき、最初は少しきつく感じていたダンベルも、軽やかに扱うことができるようになります。そして、もう少し重いダンベルにも、挑戦できるようになるでしょう。

敏感っ子は、ダンベルを重くしていく過程に、他の子より時間がかかります。ダンベルの重さを1キロから5キロに増やすのに、1・5キロ、2キロ、2・5キロと、時間をかけて少しずつ増やしていく必要があるかもしれません。なぜなら敏感な子は、ダンベルの重さが500グラム増えたことによるほんのわずかな感覚の違いも、強烈に感じるからです。

覚えておいていただきたいのは、筋肉は、一夜にして鍛えられるものではないということです。**すぐに結果が出なくても、こつこつと続ける必要があ**

ります。

たとえば、海を怖がる子を一気に慣れさせせようとするのは無理があります。今日は波打ち際から少し離れた浜辺で砂の山を作るだけにし、次の日は波打ち際で貝殻を拾いながら、足先まで水につかってみる、といったふうに、その子のペースを大切にしながら、こつこつと前進していきましょう。

親も、「周りの子より時間がかかるかもしれない。でも、いずれはこの子も慣れていく。ひょっとしたら、楽しめるようにもなるかもしれないなあ」といった、大らかな気持ちで、時間をかけてその子を見守ってあげたいものです。

長い目で見るときっと、そうした積み重ねが、その子の生きづらさを減らしてくれるに違いありません。

3

ポイント②

長い時間をかけて細かく「足場」を設定する

教育心理学に、「**足場作り**」という考え方があります。

「足場作り」とは、たとえば、手の届かない高さの棚のコップを取りたがっている子に、「自分で取りなさい！」と突き放すのでもなく、「はい、どうぞ」と代わりに取ってあげるのでもなく、その子が自分で取ることができるよう、ちょうどよい高さの「足場」を用意してあげるということです。

足場はその子の成長に合わせて徐々に低くしていきます。つまり、**ステッ**

プを踏ませるのです。いずれは、足場がなくても一人でコップを取れるようになるでしょう。

これは、前の節でお話しした「突き放すと守り切るの間の対応」と同じ考え方と言えます。子どもの成長をサポートするために、子どもに関わるすべての大人が、覚えておきたい考え方です。

敏感っ子には、より長い時間枠で細分化した「足場作り」が必要

敏感っ子に対しては、多くの場合、長い時間をかけて、細かに足場を調節する必要があります。親として、あらかじめそう心構えをしておくと、焦りや落ち込みも少なくなるでしょう。

たとえば、多くの子どもにとって、「挨拶をする」「お友達の輪に入る」「人前で話す」といったことに「足場」なんていりません。自然と元気に挨拶が

でき、「入れて！」とお友達に話しかけ、ちょっと緊張はしても、無邪気に話し始めるでしょう。

しかし、敏感っ子にとっては、いずれもハードルが高い行動です。まるで、高すぎて手の届かない戸棚のコップを、「ほら、自分で取りなさい」と突き放されているように感じる子も少なくありません。敏感っ子には、挨拶するために、人の輪に入るために、人前で話すために、何段階にも調節された「足場」が必要となるのです。

「挨拶する」「お友達の輪に入る」ためのステップ

たとえば、見知らぬ人に挨拶ができるようになるまでの足場、ステップを考えてみましょう。

お母さんが挨拶している様子を何度か見る。

↓

お母さんと一緒に挨拶してみる。

↓

小さな声で少しでも一緒に挨拶したら、あとで、「挨拶できて嬉しいね！」と喜んでもらう。

声を出すのが難しいなら、まずはハイタッチから始めてみる、パペットやごっこ遊びで挨拶の練習をしてみるといった「足場」も考えられます。

お友達の輪に入るには、こうしてみてはどうでしょう。

しばらく親にくっついて周りを観察する。

↓

より少人数で遊んでいるグループに、お母さんと一緒に入る。
⬅
家でお母さんとロールプレイをして「入れて」と言えるように練習する。
⬅
少人数の輪に対して、お母さんと一緒に行って「入れて」と言う。

人前で話すことについても同様です。いきなり大人数を前に話そうとするのではなく、まずは家族の前で何度か練習し、次に一人か二人のお友達の前で練習。少しずつ聞いてくれる人数を増やしていくとよいでしょう。

こんなふうに、できるだけ細かな足場を用意してあげれば、たとえ時間がかかったとしても、他の子達と同じように、様々なことができるようになっていきます。

4 ポイント③ 自分の思いや気持ちを表すように勇気づける

その場の空気や、他者の気持ちを感じ取ることに長けた敏感っ子は、自分の気持ちを抑えて、周りに合わせようとすることが多いものです。

子ども達の様子を見ていると、「相手の顔色をうかがう」というより、周囲の人の考えや感情を慮りすぎて振り回されたり、圧倒されるといった感覚に近いようです。

ですから、敏感っ子には、**普段抑え込みがちな自分の気持ちを表す機会を**

積極的に作ってあげましょう。

「どう思う？」と聞くのを習慣にする

たとえば普段の生活で、「今日のおかず何にしようか？」「このニュースどう思う？」など、**その子が思いを言葉にできる質問**をしてみます。なかなか考えがまとまりにくいようだったら、「トンカツと唐揚げどっちがいい？」「このニュースのコメンテーターに賛成？　反対？」など、**選択肢を示してあげるのも方法**です。

そして、できる範囲で、ただ子どもの話を聞く時間を設けましょう。「**これから15分間は、ただこの子の言うことを聞いてみよう**」と心に決めて、子どもの言葉を遮ったり、自分の意見を言わずに、ただ「聞く」のです。

「そうなんだあ」「へ～」「ふ～ん」など相槌を打ちながら、子どもの話すことに興味を示します。「あ〜、その気持ちわかるなあ」「うんうん、同じ状況になったらきっとママでもそうしていたと思うなあ」など、共感も示します。こうして「聞く」時間を少しでも確保することで、子どもも、より自分の意見を話しやすくなります。

他にも、楽器や絵を描くこと、文章を書くことなど、表現手段を身につけるサポートをしてあげるのもよいでしょう。閉じ込めがちな自分の気持ちを、外へと表す機会と術を培ってあげたいものです。

敏感っ子を「ドアマット」にしない

英語に、「Being treated like a doormat（ドアマットのように扱われる）」という表現があります。

ドアマットとは、玄関などの扉の前に、敷いてあるマットのことです。ドアマットは人に踏みつけられ、人の靴の裏をきれいにし続けた挙句、ボロボロになって捨てられます。そのため、英語では「ドアマット」は、周りからいいように利用されて自身はボロボロになっていく人、人に踏みつけにされても黙って耐える人の比喩として使われます。

はっきりと自己主張をする人々に囲まれたとき、周りに合わせることが習慣となった敏感っ子は、ドアマットになりがちです。

我が家では三女にこの傾向が強く、常に自分の「したい」や「好き」を引っ込めて、後から悲しい思いをすることがよくあります。

クリスマスイベントでプレゼントを受け取る際に自分の希望を伝えられず、係の人がすすめるものを黙って受け取り、帰宅してから「あっちがよかったのに……」とシクシク泣いていたことがありました。また、学校で毎朝、クラス全員が中に入るまで、教室のドアを押さえて開けているという話を小学校の担任の先生から聞いて、びっくりしたこともありました。

こうした三女の態度は、「気持ちが優しい」とか「自己犠牲」という言葉で語られる、一種の美徳でしょう。しかし、自分の気持ちを抑え込んで、ただただ周りの人々を優先し続けたなら、その子はどうなるでしょうか。いつか、家の中で癇癪を爆発させるくらいでは済まなくなるときが来るかもしれません。

担任の先生から話を聞いたその夜、私達家族は夕食の卓を囲んで三女の「優しさ」を祝いました。最後に、「ドアを押さえているときに、もし授業の準備やあなたのしたいことがあったら、そちらを優先していいのよ。これまであなたがドアを押さえてくれていたこと、先生をはじめみんな十分感謝しているからね」と伝えました。

敏感で優しい子が、「ドアマット」にならないよう、埋もれがちな自分自身の気持ちを掘り起こし、言葉で表すことができるよう、励ましてあげましょう。

5

ポイント④

「ネガティビティ・バイアス」に支配されないようにする

心理学に「**ネガティビティ・バイアス**」という用語があります。

人は、ポジティブな出来事よりもネガティブな出来事に強く反応し、記憶にも強く留める傾向があることを表す言葉です。たとえば学校生活では、優しい友達や理解してくれる大人もいて、楽しいこともたくさんあったはずなのに、一人の子に意地悪なことを言われたといった嫌なことのほうをより頻繁に思い出し、考え続けてしまうといった傾向です。

敏感っ子には、この傾向が強い子がたくさんいます。我が家の子ども達もそうですし、これまで出会った不登校や引きこもりになっている敏感っ子の多くが、嫌な思いをした体験について繰り返し思い出し、悩み続けていました。

嫌な思い出や、うまくいかなかったことに常に注意を払い続けてしまうのは、性格によるものと思われがちですが、ネガティビティ・バイアスは、生命を脅かすリスクを回避するために狩猟採集時代に培われた、という説があります。猛獣に囲まれ厳しい自然環境の中で食べ物を探して暮らす人々にとって、身を守るためには、近くに危険が潜んでいないか、常にアンテナを張り巡らせる必要がありました。

ちなみに、ＨＳＣ・ＨＳＰは、危険を察知する脳の領域である扁桃体が、非ＨＳＣ・ＨＳＰよりも、活発になりやすいことがわかっています。ＨＳＣ・ＨＳＰは「鉱山のカナリア」という異名を持つほどですから、周りが気づかないようなことも危険信号ととらえ、警報アラームが頭の中にしょっちゅう鳴り響いている状態ともいえるかもしれません。

親自身が物事をポジティブにとらえて楽しむ姿を見せることの大切さ

敏感っ子の傍にいる大人は、ネガティブな物事に引っ張られがちな敏感っ子の気持ちを補正してあげたいものです。

そのためには、**普段の生活で、「楽しい！」「大好き！」と、何かに夢中になれる時間を大切にしましょう。**

心が躍るような気持ちや好奇心は、不安や恐れでいっぱいになりがちな敏感っ子が、足を前に踏み出すのを助けてくれます。

敏感っ子に、「楽しいこともいっぱいあるよ」と思い出させてあげるためには、親自身が楽しいことを見出し、感動したり喜んだり、子どもみたいに「なんでだろう？」と好奇心で前のめりになって、その様子を子どもに見せることが効果的です。

ワシントンＤＣの桜祭りに行ったときのことです。あまりの人出に子ども達の感覚は過剰に反応して、口々に「耐えられない」「もう帰りたい」と言い出しました。

私は「ホントすごい人だよね～」と返しながらも、あえて子ども達の訴えにはとり合わず、「うわあ、見て～、あの水に反射するピンクの鮮やかなこと！」などとその場を楽しみ、感動を伝えることに注力しました。するとどうでしょう。子ども達も徐々に不快感から注意がそれ、いつしか桜の写真を撮ることに夢中になっていたのです。

不安や恐れや不快感でいっぱいの敏感っ子を、「腫れもの」のように扱うのではなく、かと言って「そんな敏感でどうするの！」「誰もそんなこと気にしてないわよ。おかしいんじゃない！」と否定するのでもなく、淡々と「こんな楽しいこともあるんだよー」と、傍らで示し続けることの大切さを再認識した経験でした。

もちろん、これでその子の不快な感覚や嫌な気持ちを消せるわけではありません。けれども、ネガティブな面と隣り合わせに、必ず喜びあふれるポジティブな面もあることを子どもに思い出させるきっかけにはなると思います。こうした経験を重ねることで、ネガティブな面に飲み込まれずに、視野を広げてポジティブな面も楽しむ姿勢が身についていくのではないでしょうか。

それには**親も、物事のポジティブ面を見出す習慣をつけることが大切**です。そして、子どものネガティブな言動に引っ張られることなく、その子のポジティブな面に注目し続けることです。

寝る前に、その日嬉しかったことや、ありがたかったこと、その日気づいた子どものよい面を書き出してみるのもよい方法です。「庭の朝顔がきれいだった」「コンビニの店員さんが優しかった」など、普段見過ごしてしまうようなことに注意を向けることに、大きな意味があります。日々続けることで、変化を感じるはずです。
ネガティビティに偏りがちな心の働きを、親子で変えていきましょう。

6

ポイント⑤

強い感情とうまくつき合う力とスキルを養う

敏感っ子は、周りが「えっ、これで？」と思うことに、悩んだり落ち込んだり苦しんだりすることがあります。ですから、そういう子には、強いネガティブな感情とうまくつき合える力やスキルを身につけさせてあげたいものです。

そのために、**まずはネガティブな感情を持つこと自体は、とても健全なことだと理解しましょう。**

アメリカとヨーロッパの科学者が３万７０００人以上を対象に行った調査(2)では、多様な感情を感じている人々のほうが、ポジティブ、ネガティブどちらかに偏っている人々よりも、病気になって医者にかかる頻度が少なかったという結果が出ています。

確かに、無理にポジティブであろうとして、ネガティブな感情を押し込めていたら、いずれは爆発するか、内にゆがみを抱えてしまうかもしれません。アーロン博士も、ＨＳＣは、強い感情を落ち込みや自己批判といった形で内に向けてしまい、ウツや不安感を抱えてしまいやすいと言っています。

ですから、気の置けない家族の前で、怒りや悲しみやストレスを癇癪という形で表すのは、とても健やかなことです。そして、感情を爆発させた一回一回のケースが、強い感情とどうつき合っていけばいいかを親子で学ぶよい機会となります。

(2) Quoidbach J, Gruber J, Mikolajczak M, Kogan A, Kotsou I, & Norton MIĐ2014Đ. Emodiversity and the Emotional Ecosystem. Journal of Experimental Psychology. General PMID:25285428　https://www.ncbi.nlm.nih.gov/pubmed/25285428

子どもの癇癪をきっかけに話し合う

ここでは、我が家の子ども達の癇癪を例にとりましょう。

子ども達の癇癪は、年齢が上がるにつれ、少しずつゆるやかになっていきました。気持ちを言葉で表せるようになったこともありますが、感情が爆発するたびに話し合いを続けたことが助けになりました。**感情の爆発が、自らを知り、感情に向き合う力やスキルを身につける機会となったのです。**

我が家では、次のような内容で話し合いをしてきました。

「どういうときに感情が爆発しやすいか？」
「どうしたら爆発を防げるか？」
「爆発の前にどんなサインがあるか？」

「どうしたら落ち着きやすいか？」
「何か他の方法で感情を発散できるか？」

ポイントは、親も子も感情が落ちついているときに話し合うことです。

小児精神科医のダニエル・シーゲル氏が、ベストセラーになった著書(3)の中で最新の脳科学の研究を挙げて説明しているように、感情が高ぶっているときに話し合っても、まったく意味がありません。

感情が高ぶっているときは、脳はその原始的な働きに乗っ取られた状態で、上位機能である思考や記憶、想像、計画といったことができない状態だと言われています。つまり、感情的になっているときは、大人も子どもも教えたり学んだりする状態にはないというわけです。

また、最初に述べたように、怒りやイライラや悲しみといったネガティブな感情を持つのは自然なことであると認識するのもポイントです。

(3)『The Whole-Brain Child:12Revolutionary Strategies to Nurture Your Child's Developing Mind』Daniel J. Siegel, M.D.& Tina Payne Bryson, Ph.D.Bantam

その上で、**ネガティブな感情を持ったときにどのように行動するかは選択できる**と話し合います。

幼いうちは親自身が考え、工夫する必要がありますが、年齢が上がるにつれ、子ども本人が考え、工夫するよう励ましていきます。

長男、次男、次女、それぞれが見つけた自分の感情とのつき合い方

発散のツールとして、長男は「サンドバッグを買ってほしい」と言いました。そして、ボクシングやレスリングなどの格闘技も習いたがりました。また、お友達とハイキングに出かけ、アラスカの大自然の中で身体を思いっきり動かすことも、気持ちを調整するのに大きな助けとなっていたようです。

次男のケースで言えば、どういうときに感情が爆発しやすいのかのパターンを検証すると、明らかにお腹がすいているときでした。そこで、「学校か

ら帰ってきたら、まず何かを食べること。感情が爆発する！　と思ったら、何かを口に入れてみる」と話し合いました。

小学校に上がったばかりの頃はなかなか自分では対処できませんでしたが、中学年になった頃には、怒りが爆発しそうになったり、いつまでも泣き叫んだりしそうなときは、まずお腹を満たすように、本人が注意するようになっていきました。

次女は、思い描いた理想通りに物事が進まないと、途端にものすごい怒りを感じる子でした。そこで、どうしたら落ち着くことができるか、そしてその怒りを、周りにぶちまける他に、どんな方法で表すことができるかについて話し合いました。

最も効果的だと自他ともに納得したのは、「私は怒っている」と言葉で表すこと、一人にしてもらうこと、また、飼い犬を抱きしめたり、一緒に寝転がってじゃれ合ったりして過ごすことでした。自然の中へ散歩に出かけたり、好きな音楽を聴いたり、絵を描くのも、彼女が選んだ方法でした。

とは言え、激しい癇癪はしばしば起こり続けました。頭ではわかっていても、いざ強い気持ちがこみ上げると、うまくいかないこともあります。それでも、癇癪のたびに話し合いと工夫を続けることで、時間をかけて少しずつ、激しい感情とつき合う術を身につけていきました。今、中学3年生となった次女は、強い怒りや悲しみを感じるたびに、もくもくと絵を描いています。

激しい感情の爆発についての話し合いは、「癇癪をおさめる」といった結果をすぐに求めるのではなく、話し合いの過程自体に意味があると考えてください。**子ども本人が自らを理解し、自分の感情とどううまくつき合っていくかを考え実践していくこと。それは必ず、その子のその後の人生の役に立ちます。また、共に話し合い、工夫を続けることで、親子の関係も深まります。**

子どもの気持ちを、親が楽にしてあげるのではなく、子どもが自分で自分の気持ちを楽にしていける力やスキルを培ってあげたいものです。

7 ポイント⑥ 子どもにネガティブなレッテルを貼らない

シャイ、内気、神経質、臆病、怖がり、泣き虫、弱虫、のろま、大げさ、ぼんやり、優柔不断……敏感っ子の言動を見ていると、こう言いたくなることがあると思います。

もちろん、**お子さんの前ではそんな言葉を言わないようにしてください。**

幼い子はまだ「自分がどういう人間か」ということがわかっていません。自分を客観視する「メタ認知力」が未発達なためです。そのような状態でかけられる言葉の影響力はとても大きいのです。
ましてや、周りの思いや感情を和紙のように吸い取る性質を持つ、敏感っ子のこと。**ネガティブな言葉をかけられたら、そのまま「自分は弱虫でダメな人間だ」と受け止めてしまう恐れがあります。**

日本では謙遜が美徳とされるためか、子どもについて褒められると、逆にその子の短所を並べあげるような親御さんが多いようです。たとえば、「お宅のお子さん、お友達の気持ちがよくわかって本当に優しいですね」と褒められれば、「いえいえ、この子は小さなことも気にしてクヨクヨしますし、内気で怖がりなんですよ」という具合です。

ちなみにアメリカでは、褒められた途端に「そうなんですよ~。この子は弟にも優しいし、随分気が利くので、いつも助かっているんですよ~」と、我が子の長所を次から次へと話される方が結構います。私は日本で生まれ育っているので、初めはギョッとしましたが、今では、「子どもにとっていいことだなあ」と感じています。子ども本人も、「自分について、親はこんなふうにポジティブに思ってくれてるんだ」と、自己肯定感が高まるでしょう。

日本社会では、自分の子どもを人前で褒めるのはなかなかなじまないと思われますが、誰かに褒められたら、せめて「そんなふうにおっしゃっていただいて嬉しいです。ありがとうございます」とシンプルに返したいものです。

そして、後でお子さんに「あなたは、お友達の気持ちがよくわかって本当に優しいのよね」と声をかけてあげましょう。敏感っ子は、自分のことを話しているとわかれば、普段以上に全身を耳にして聞いていることも多いのです。

「リフレーミング」を習慣にしよう

短所は、往々にして長所と隣り合わせです。

子どもについてネガティブな言葉が浮かんだときは、その言葉を「リフレー

ミング」してみるのも方法です。「リフレーミング」とは、対象を別の角度からとらえること。簡単に言えば「言い換え」です。

たとえば、「シャイ」や「怖がり」は、「感受性が豊か」。「内気」「臆病」は、「思慮深い」。「神経質」や「気にしすぎ」は、「注意力が高い」。「泣き虫」「弱虫」は、「優しい」。「のろま」は、「あわてず落ち着いている」。「大げさ」は、「情緒豊か」。「ぼんやり」は、「大らか」。「優柔不断」は、「物事について多角的にとらえることができる」。こんなふうに表すことができるでしょう。

アーロン博士が著書の中で、「HSCにとって理想の父親」とするジムさんも、リフレーミングを活用しています。ジムさんは、敏感な娘さんリリーちゃんが、「私は、引っ込み思案で怖がりだから」などと、自分の性質についてネガティブなことを口にするたび、こんな言葉を伝えたといいます。

「あなたは、よく観察して考え、正確に物事に取り組むのが好きなんだね」

我が家でも、長女が「私、なんて優柔不断なんだろう。選択肢を出されても、全然決められないことがあるの」とため息をついていたので、「あなたは、一つのことからもたくさんのことを考えて、いろいろな角度から吟味できるのよね。それって、本当に素晴らしい力だと思う」と声をかけたところ、途端に、ぱっと表情が明るくなりました。その後は、「自分は優柔不断」と、落ち込むこともなくなったのです。

リフレーミングを活用して子どもに寄り添えば、子どもは、自分のよい面へ目を向けることができるようになり、自信を取り戻します。ネガティブ面にばかり目が行きがちな敏感っ子に、ポジティブな面を思い出させてあげましょう。

8

ポイント⑦

好き・得意・夢中になれるものを作る

敏感っ子にとって、好き・得意・夢中になれるものは、「お守り」のようなもの。これは、自分の子をはじめ、大勢の敏感っ子に接してきた経験から、強く実感していることの一つです。

周りの思いや気持ちが自分の中になだれ込んでくるように感じる敏感っ子にとって、内側から湧き上がる「好き！」や「したい！」という強い気持ちは、自分の足で前へ進むための力の源となってくれます。

たとえば我が家でも、あれほど敏感で学校にもなじめなかった次男が、今では学校でも公園でも友達と一緒になって転げ回って遊んでいるのは、ひとえにサッカーに夢中になったおかげでした。

次男がサッカーを始めて３年になりますが、あんなに人見知りだった子が、今では引っ越し先でもサッカーをしたいがために、自分から知らない子の集団に入っていくようになりました。また、日常でも相手にはっきりと思いを伝えることが以前よりできるようになったのは、サッカー中に大声で「こっちにパスして！」などと声をかけ合うことが下地になったのだと思います。

子どもの「好き」の見出し方

この話をすると、同じ敏感っ子を持つ親御さんに必ず聞かれるのが、「どうしたら、その子の〝好き〟を見出せますか？」ということです。

これは意外に難しい問題です。初めから、「目をランランと輝かせ食いつく」といった反応をしてくれればわかりやすいですが、それほど際立った反応を示さない子も多いものです。

次男も初めから目を輝かせてサッカーに食いついたわけではありません。はじまりは、姉のサッカーの練習や試合を見に行ったことでした。当時は、「知らない子達とボールを取り合うなんて怖すぎる」と言っていましたが、その後、小学校1年生のとき、「3日間だけのサッカー体験」というイベントに、「姉が一緒なら」と参加します。これは彼にとって楽しい体験だったようです。とは言え、自分から「サッカーする！」と言い出すにはほど遠く、2年生になり「サッカークラブに入ってみる？」という私からの問いにも、「う〜ん」と煮え切らない返事でした。

ただ、とても嫌がる様子ではなかったので、「まあ、ちょっと試してみようか」と誘いかけてみたのです。次男は渋々といった様子でついてきましたたが、週2回の練習を続けて3か月ほど経った頃から、少しずつ面白くなっていったようです。

嫌がらなければ少しずつ続けさせて様子を見てみよう

「A passion is developed more than it is discovered」という言葉があります。「**情熱は見出されるというより、培われるもの**」という意味です。初めから燃え上がる情熱を見出そうとするのではなく、情熱は物事に取り組むうちにふつふつと湧き上がってくるかもしれないもの。その「ふつふつ」に薪をくべて、少しずつ強い炎へと育てていく、このやり方のほうが現実的です。

子どものちょっとした「**興味の隆起**」に気づいたら、その興味を深め展開できるよう、さりげなくサポートしてあげたいものです。隆起すら見えなくても、とても嫌がるわけではないなら、少しずつ続けさせ、様子を見るのも方法です。

結果はそれほど期待せずに、いろいろと試してみる機会をちょこちょこと用意してあげること。そのうち、「これかな？」という「興味の隆起」を見せてくれるときが来るに違いありません。

9

ポイント⑧

子どもの味方になり、安全な基地・充電場を築く

敏感っ子を育てていると、まるで愛情を受け取る「心の器」の底が抜けているんじゃないかと感じることがあるかもしれません。こちらはたくさん愛情をかけているつもりでも、自信なさげだったり、親の傍から離れなかったり、不安感が強かったり。親の愛情不足なのかと心配になるくらいです。

でも、敏感っ子の「心の器」は、底が抜けているのでも、親の愛情が足りないから満たされないわけでもありません。敏感っ子は、ほんのちょっとし

たことにも強烈に心を動かされますから、少しの失敗や嫌なことで、心の器が一気に干上がってしまうのです。

ですから、敏感っ子には、心の器を満たす機会がたくさん必要です。「お母さんは、あなたのことを愛してるよ」「お父さんは、あなたの味方だよ」と、**子どもが「無条件の愛情」を感じられるような関わりを、日々、心がけていきましょう。**

毎日、タイミングを決めて「無条件の愛情」を伝える

とは言え、「無条件の愛情を伝える」とは、子どもの要求を何でもかんでも「いいよいいよ」と受け入れることではありません。子どもにきちんと向き合うなら、できないことは「できない」と伝え、「してほしいこと」や「してほしくないこと」について話し合うことも必要です。互いに怒ったり、ぶ

つかり合ったりすることも多々あるでしょう。

無条件の愛情を伝えるとは、そうした葛藤を経て、「それでも私はあなたのことを大切に思い、愛しているよ」と伝え続けることです。

そのためには、**一日の生活の中でタイミングを決めて、毎日子どもへの変わらぬ愛情を伝えるというのも方法**です。

たとえば、朝起きたとき、家から送り出すとき、帰宅したとき、保育園や学校への送迎のとき、寝る前などのタイミングです。そのときは子どもと同じ目線になり、目を見て、口角を上げて笑みを浮かべ、心を込めて声をかけます。「おはよう」「いってらっしゃい」「おかえり」「おやすみなさい」。できれば抱きしめたり、手を握ったりとスキンシップをとりながら、「大好きよ」「愛しているよ」と声をかけてあげましょう。

子どもは、こうした声かけが毎日変わらず繰り返されることで、「どんなことがあっても、ここに戻ってこられる。お母さんとお父さんは、いつでも自分を大切に思ってくれる」と確認し、安心することができます。

我が家も、日中時間が合わないときでも、朝と寝る前のタイミングだけは、できる限り欠かさないようにしています。朝は、「おはよう。大好きだよ」と抱きしめます。寝る前は、家族全員が一つの部屋に集まり、それぞれその日あったこと、楽しかったことを話し、感謝の言葉を言い、抱き合って「おやすみ。愛してるよ」と伝えます。

こうした日々繰り返される愛情表現が、子ども達の「心の器」を安心感で満たしてくれます。

1日5分でも一緒に楽しむ時間をとる

子どもがホッとできる関係や場を整えるには、「子どもと楽しむ時間を持つ」というのも効果的です。

長年、子どもの不安感についての研究を続けるボストン大学教授のドナ・ピンカス氏の研究⑷によると、子どもへの質問や批判、指示を一切せず、１００％子どもに注意を向けて一緒にいる時間を楽しむ「子ども主体の関わり」を心がけると、子どもの不安感が著しく緩和したといいます。

また、スケジュールを調整し**ダウンタイムを確保することも大切**です。

敏感っ子は、ささいなことにも五感や思考や感情を最大限用いて向き合い続けますから、それだけ疲弊もしやすくなります。そのため、ダウンタイムをとって、ちょこちょこ充電する必要があるのです。

我が家の子ども達も、一人の時間が大好きです。部屋にこもって、寝転がって音楽を聴いたり、絵を描いたり、物語を読んだり、ただただボーッと空想に浸ったり、犬とじゃれ合ったり。そうした時間が、どれほど子ども達の心身を癒やしてくれていることでしょう。

たっぷりと充電時間をとることで、敏感っ子達は再び、外の世界へと踏み

⑷『Growing Up Brave:Expert Strategies for Helping Your Child Overcome Fear, Stress, and Anxiety』Donna Pincus, Little, Brown Spark

出していく力を取り戻すことができます。そのためには、常にスケジュールを見直し、敏感っ子が息を吹き返すための時間が組み込まれているか、確認していきましょう。

10

ポイント⑨

罰や報酬を与えたり、脅したり、人格を否定する「叱り方」をしない

あなたは、こんな言葉でお子さんを叱ったり、しつけようとしたりしていないでしょうか。


「言うこときかなかったから、週末のお出かけはなしよ！」

「静かにしてくれたら、お菓子をあげる」

「そんなわがまま言うと、お化けが来るよ！」

「お行儀よくしていないと恥ずかしいでしょ！」

子どもを叱るときに、つい口から出てしまう言葉だと思います。自分も親からこういう叱り方やしつけをされてきたという方も多いでしょう。私自身も、その一人です。

しかし、こういう叱り方、しつけの仕方は、子どものためにはなりません。特に、敏感っ子にとっては、多くの場合悪い影響を与えてしまう可能性すらあります。

子どもをコントロールしようとする弊害

こうした叱り方、しつけは、罰や報酬を与えたり、脅しや人格否定をすることで子どもをコントロールしようとするやり方です。

「言うこときかなかったから、週末のお出かけはなしよ！」は罰、「静かにしてくれたら、お菓子をあげる」は報酬、「そんなわがまま言うと、お化けが来るよ！」は脅し、「お行儀よくしていないと恥ずかしいでしょ！」は子どもにレッテルを貼り人格否定につながる叱り方です。

このように叱られ、しつけられると、子どもは、「罰が嫌だから」「ご褒美が欲しいから」「脅しが怖いから」「恥ずかしいから」言うことをきくという行動をとるようになります。つまり、自発的な動機ではなく、周りの大人の顔色をうかがい、「他人軸」で物事を判断するようになりがちです。

ただでさえ周りの期待にこたえようと頑張ってしまう、敏感っ子にとって、ためになる関わり方ではありません。

敏感っ子は特に、罰や脅し、人格を否定する言葉で強く迫られると、動揺して普段通り考えることもできなくなりがちです。自分の頭で考えて判断するどころか、ただただ「怖い」「自分はダメだ」という気持ちばかりが残ってしまいます。

普段、夜寝るのが怖くてしょうがない子に、「お化けが出るよ！」と脅したら、ますます寝るのが難しくなるかもしれません。

「恥ずかしいでしょ！」という言葉は、心理学では「自分は恥ずかしい存在」といった「人格否定」の意味を持つとされ、アーロン博士も、敏感な子には用いないようにと言及しています。

こうした関わり方では、敏感っ子は萎縮して、ますます本当の気持ちを抑え込んでしまいます。その結果、親が「味方」や「安全な基地」となることも難しくなってしまいます。

敏感っ子は、強く厳しく叱ってしつけるほど、一見手のかからない「いい子」になりやすいです。しかし、その弊害はとても大きいと肝に銘じておきましょう。

第3章

敏感っ子が主体的な子どもに育つ接し方

1 子どもの「できていないこと」ばかり見るのはやめよう

敏感っ子の子育てにおいて、親としてまず変えていきたいのは、子どもの「できていないこと」ばかりを見てしまう自分の心の癖です。

あれもこれもできていない、何度言ってもダメ……親というものは、子どもに成長してほしいという気持ちから、つい欠点や足りないところを取り上げて、「ダメ出し」をしてしまいがちです。

しかし、否定するよりも、よいところを見つけて肯定する「ヨイ出し」の姿勢で関わるほうが、子どもがより主体的に生き生きと物事に向き合うようになると、多くの研究で立証されています。

「ダメ出し」コーチと、「ヨイ出し」コーチのチームの違い

私も、次男のサッカーチームの対戦相手の観察を通して、「ダメ出し」より「ヨイ出し」のほうが子どもの成長には有意義であることを実感しています。

注意深く見ていると、サッカーのコーチはおおむね、「ダメ出し」タイプと「ヨイ出し」タイプに二分されます。「ダメ出し」タイプの声かけは、「何やってんだ！」「何回同じ失敗してんだ！」「ちゃんと頭使えよ！」などと、メンバーがうまくできなかったときに集中します。

一方、「ヨイ出し」タイプのコーチは、「その調子！」「よし、やった。また同じことができるよ！」「今のパスいいね！」と、うまくできたときに声

をかけます。

「ダメ出し」コーチのチームは、ピリピリした雰囲気で、子ども達の表情も硬く、失敗しないようにと力が入っていることがわかります。一方「ヨイ出し」コーチのチームは、子ども達は生き生きした表情で、のびのびと動き回っています。失敗しても、チームメイト同士で「大丈夫大丈夫！」「落ち着いていこう！」と励まし合い、誰も責めたりはしません。

そのためか、「ヨイ出し」チームは意外なところへボールをパスしたり、びっくりする角度からゴールを決めたりと、パターンにはまらない個性的なプレイも多く生まれます。

子どもの表情を輝かせたければ、「ダメ出し」より「ヨイ出し」

人の言葉や態度に敏感で、動揺したり傷つきがちな子であれば、「ダメ出し」に対して、なおさら緊張してしまうことは想像に難くないでしょう。

我が家でも、ことあるごとに長女に「もっと妹や弟に優しい話し方をしなさい！」と注意していた時期がありました。しかし、なかなか変化は見られず、むしろ反発することも多くなりました。

そこで、長女をよく観察してみると、優しく話しているときもたくさんあることに気づきました。厳しい言葉で接するのは、妹や弟が約束を守らなかったり、言い訳をしたときなどで、それは長女なりに妹や弟をよい方向に導こうとしていたからなのです。

そこで私もアプローチを変えました。普段、長女が優しい話し方をしているときをとらえて、「妹も弟も、あなたが優しく話してくれて嬉しそうね」「優しく話してくれてありがとうね」と、こまめに声をかけるようにしました。

すると、長女は次第に、妹や弟に対して、柔らかな態度で接するようになっていきました。「お母さん、私のこと見てくれてるんだ」といった安心感で、気持ちがほぐれていったのでしょう。

子どもの表情を輝かせたければ、「ダメ出し」より「ヨイ出し」のほうが効果的だと、実感したできごとでした。

「教える」ために最も効果的なのは、**「できていないことより、できていることをこまめに認める」**ことなのです。

2 「褒める」より「認める」「喜ぶ」「感動する」「励ます」「感謝する」

子どもが何かをできているときに、「ちゃんと見ているよ」と伝えるのに、大げさに「褒める」必要はありません。

「褒める」というのは、「報酬」を与えるのと同じです。ですから子育てにおいては、褒めればよいというわけではありません。褒めることを多用すると、「褒められるからする」「褒められなければしない」と報酬を求めて行動する子どもになってしまう恐れがあります。

また、「褒める」というのは、褒めるほうが上、褒められるほうが下という上下関係を生み出します。

「褒める」のは、上から目線

試しに、次の言葉を自分に向けて言ってみてください。

褒める「妹に優しい話し方ができてえらい！」
認める「あなたは妹に優しい話し方ができるね」
喜ぶ「妹に優しい話し方ができて妹も嬉しそう♪」
感動する「ああ、なんて優しい話し方！」
励ます「どんどん優しい話し方になってきたね（これまでの変化）」「どんどん優しい話し方になっていくね（これからの変化）」

感謝する「妹に優しい話し方してくれてありがとうね」

これらを比べると、伝えられた側に湧き起こる気持ちも、微妙に違うと感じませんか？

「褒める」は、「上から目線で操る」という感じがします。一方、**「認める」「喜ぶ」「感動する」「励ます」「感謝する」は、「対等な立ち位置から子どもと共に喜んでいる」**と言えると思います。

敏感っ子は、こうしたニュアンスを鋭敏に感じ取ります。年齢が上になるほど、ますますその傾向が強くなります。

我が家でも、ティーンの子を「褒める」と、すぐさま「馬鹿にしてる？」と返ってきます。それより、隣で「うわあ、やった！」と共に喜び、感動し、「ありがとう」と感謝するほうが、子ども達も自分らしく生き生きと歩んでいけるようです。

3 「指示・命令形」より「質問形」の言い方をする

子どもがどのような行動を起こすかは、大人がどのように話しかけるかで、随分と変わってきます。感受性が豊かな敏感っ子なら、なおさらです。

同じ内容でも、「**指示・命令形**」と「**質問形**」では、受け取る側の印象は変わってきます。

次に挙げる言葉を声に出して言い、受け取る側の気持ちを想像してみてください。

なお、「質問形」を言うときの注意として、問い詰めるような口調では、「指示・命令形」と同じ印象になってしまいます。なるべく「好奇心を持って尋ねる」ことを心がけて質問してみてください。

「宿題しなさい！」（指示・命令形）
「宿題はいつする予定？」（質問形）

「ジャケットを忘れないのよ！」（指示・命令形）
「外で『寒い！』とならないためにはどうしたらいい？」（質問形）

「おもちゃを片づけなさい！」（指示・命令形）
「おもちゃで遊んだ後は、どうするって決めたっけ？」（質問形）

「歯を磨きなさい！」（指示・命令形）

「寝る前の『日課チャート（１２９ページ参照）』になんて書いてある？」（質問形）

「グズグズ言わない！」（指示・命令形）

「どんな言葉を使ったら、お母さんが理解できるかな？」（質問形）

「急いで服を着替えなさい。じゃないとバスに乗り遅れるでしょ！」（指示・命令形）

「時間通りにバスに乗るには、今何をしたらいいかな？」（質問形）

敏感っ子にとって「指示・命令形」は言葉の暴力

私が主催する子育てセミナーで、試してみた親御さんの反応をお伝えしましょう。まずは、「指示・命令形」に対する感想です。

- 「うるさいなあ」と聞き流したくなる。
- 「やってやるもんか」といった反発心を感じる。
- とにかく固まってしまって、思考停止になる。

次に「質問形」に対する感想です。

- 「えっと、どうしようかな」「あれ、何するんだっけ」と、とにかくひとまず考えてみようと思った。

「指示・命令形」での話しかけは、「闘う・逃げる・固まる」といった反射的な反応を引き起こしてしまいがち。一方、「質問形」に対しては、素直に受け入れる様子が見てとれます。

一般の大人ですらこう感じるのですから、敏感っ子にとって、「指示・命令形」の言い方は強すぎて暴力的ですらあるでしょう。

敏感っ子をむやみに萎縮させないために、そして、より主体的に考えることをうながすために、言葉をかける前にはなるべく「一呼吸」入れ、「質問形」を活用していきましょう。

4 急かす代わりに「日課チャート」を一緒に作る

「朝出かける準備から、帰宅して就寝するまで、今日も何度『早くしなさい！』と子どもに言ったでしょう……」多くの親が悩むことです。

敏感っ子は、「早くしなさい！」と急かされると、緊張感が一気に高まり、動揺してしまうことも多いものです。そうなると、「次はこれをして、その次はあれをして」といった段取りを考えるどころか、ただただ固まってしまい、よけいにうまく行動できなくなってしまいます。

では、「早くしなさい！」と叫ぶ代わりに、どんな関わり方ができるでしょうか。どうしたら子どもは、より主体的に日課を遂行してくれるのでしょう？

それには、**「日課チャート」**を作るのが効果的です。

日課チャートの作り方

まず、作る前に覚えておきたいのは、**子ども自身が「自分で作った！」と感じられることが最も大切**ということです。ですから、親主導で仕上げてしまわないよう、注意しましょう。

●手順①　「寝る前には、何をするかな？」と聞いてみましょう。「パジャマに着替える！」「お風呂に入る！」「歯を磨く！」など、答えてくれるでしょう。

●手順②　答えを子どもが自分で書き留めます。文字がまだ書けない場合は、代筆します。

●手順③　話し合いながら、それぞれの日課を順番に並べてもらい、番号をふり、チャートにします。

●手順④　幼児や小学生の場合は、文字の隣に、その行動を表す絵（たとえばお風呂や歯ブラシなど）を描いてもらいましょう。難しい場合はお母さんが描き、子どもには色を塗ってもらってもいいです。また、子どもが実際に日課に取り組む様子を写真に撮って添えるのも一法です。

●手順⑤　でき上がった日課チャートを、居間やダイニングルームなど、子どもの目につきやすい場所に貼ります。

朝起きてから出かけるまでや、幼稚園や保育園から帰宅してから夕飯までなど、日常の様々な場面での日課チャートを作ってみましょう。

日課チャートの用い方

「早く○○しなさい！」と言いたくなったら、「次は何をするんだったかな？」と質問してみます。子どもは、「日課チャートを自分で作った！」という気持ちが強いほど、チャートで決めたことをより実行しようとします。

また、次第に見慣れ、単なる「壁の一部」になってしまわないよう、時々、チャートを作り直しましょう。挿絵を描き直すなどして日課チャートを新しくすると、気分もリフレッシュできます。

我が家では、こうした普段の日課チャートの他にも、夏休みや冬休みの日課チャート、家事手伝い日課チャートなどを、高校生になるまで一緒に作っては、壁に貼っていました。壁にチャートを貼りだしてから、親も子も、ぶつかって煮詰まる機会も減り、随分と楽になりました。

日課チャートを活用し、「早くしなさい！」の代わりに、子どもがより主体的に日課に取り組む習慣を培ってあげましょう。

日課チャートの例

5 「してはいけないこと」より「できること」を伝える

長男と長女の幼稚園の教室で、1年間、アルバイトをしたことがあります。赤ちゃんだった次女をおんぶ紐で背負いながら、園児の散歩に付き添ったり、教室となっていた先生の自宅の片づけをする仕事でした。

幼稚園の先生は、ハーバード大学大学院で心理学を学び、心理学者として大人向けのカウンセリングを何年か経験した後、「問題の根は幼少期にある」と痛感するようになって幼稚園の先生になられた方でした。人の心理を専門とするその先生から学んだことの一つが、**子どもが不適切な行動をした際に、「禁止するのではなく、できることを伝える」**でした。

たとえば、お友達を叩いてしまった子に「ダメ！」と叱るのではなく、こんなふうに接するのです。

まずかがんでその子と目線を合わせ、手を両手で包み込んで温めます。その子の手をなで、握りしめながら、「手は相手を叩くためのものではなく、相手を優しくなでたり、相手の手とつないだりするものよ」と教えます。

庭で熊手を乱暴に振り回している子がいれば、側に行って落葉かきを始め、「熊手は振り回すものではなく、地面をかくものよ」と、教えていくのです。

禁止するのではなく他の道を示してあげる

「叩いてはダメ！」「熊手を振り回してはダメ！」と頭ごなしに言われると、

子どもの多くは、反発・逃げる・固まるといった反応をします。

強烈に「非常事態」を察知する、敏感っ子ならなおさらです。叱る声が大きかったり、口調や態度が厳しいほど、びっくりして固まってしまい、どうすればよいかわからなくなってしまいます。

たとえて言えば、無我夢中で走っていたところに、巨大な壁が突然ドーンと立ちふさがるようなもの。そのように目の前をふさぐのではなく、次のような伝え方で「こちらに行くといいよ」と、他の道を示してあげましょう。

「騒いだらダメ！」↓「**ひそひそ声で話せるかな？**」

「ゴミを捨てたらダメ！」↓「**どこに捨てたらいいと思う？**」

「ダメ！　玩具は買わないわよ！」↓「**お誕生日に買おうね**」

「ごはん前にお菓子を食べたらダメ！」↓「**あと30分でご飯の用意できるよ**」

このように伝えると、敏感っ子も抵抗なく受け入れられ、行動を起こしやすくなるでしょう。

6 子どもが伸びるかどうかは、失敗に対する親の対応次第

敏感っ子は、何かうまくいかないとき、周りの子の何倍もショックを受けることがあります。そして、いっそう失敗を恐れるようになり、なかなか前へと踏み出せなくなってしまいます。

ですから、敏感っ子が、よりのびのびと力を発揮するためには、失敗への恐れをできる限り取り除いてあげたいものです。

スタンフォード大学の心理学者キャロル・ドウェック氏の研究(5)によると、

(5) K.Haimovitz, C.S.Dweck.(2016) 'What Predicts Childrens Fixed and Growth Intelligence Mind-Sets? Not Their Parents Views of Intelligence but Their Parents Views of Failure.'Psychological Science

子どもが伸びるか伸びないかは、子どもが失敗したときの親の対応によって大きく分かれるとされています。

たとえば、テストで落第点を取ってきた子に対し、「この子には能力がない」と諦めてしまう親の子どもより、「どうしたら改善できるかな？」と考え行動する親の子どものほうが、伸びるそうです。つまり、**失敗をネガティブに受け取り、その子の力を「ここまで」と決めつけてしまうか、失敗を「学ぶチャンス」とポジティブに受け取り、「これからよくなれる」と行動していくかで、子どもの成長が大きく変わってくる**というのです。

周りの期待や気持ちをとても敏感に感じ取る子は、自分が犯した失敗に対して本人も大きなショックを受けています。そこに、さらに親がネガティブな態度をとるのは、傷口に塩をなすりつけるようなものです。

一方、周りの大人が失敗を「次への成功の糧」ととらえて励まし続けるなら、敏感っ子の考え方も「失敗は一巻の終わり」ではなく「失敗は糧にできる」と、少しずつ変わっていくでしょう。

子どもが失敗したとき親がしたいこと

たとえば、テストで落第点をとったときの対応を考えてみましょう。

本人がショックを受けているようなら、まずは、「残念だったね」と共感します。そして、本人の気持ちが落ち着いたら、話し合います。

「テストは、あなたが賢い賢くないと決めるものではなく、何に取り組めばいいかを知るためにあるのよ」と、これは学ぶチャンスであることを伝えましょう。そして、「どこでつまずいたのか？」を明らかにし、わかるようになったところで、「テストのおかげで、わかるようになってよかったね」と成長を認めます。

さらに、「次からは、テストの前にどうするのがいいかな？」と質問してみてください。「どこがわからないか整理しておく」「テスト前はテレビを観ないようにする」など、本人なりに対策を考えることができるでしょう。

こうして、**一つひとつの失敗が次のステップに活かされる体験を重ねることで、敏感っ子も、失敗に対する恐れを少しずつ和らげていくことができます。**

また、親の言動の細かなところまで気づいている敏感っ子にとって、親が「失敗から学ぶことにフォーカスする姿」や「失敗って悪くない」と言葉や態度に表すことも、助けとなります。

日常のちょっとした失敗も「改善」のチャンスにしよう

日常生活でちょっとした失敗をしたときも、叱ったり呆れたりするのではなく、次はミスしないような「改善」につなげることを心がけましょう。

たとえば、戸棚からお皿を取り出そうとして手を滑らせ、割ってしまったとき。「取り出しやすいように、こうしておけばよかったね」と、お皿の置き場所を手の届きやすいところに変えてみましょう。道を間違えたときは、「でも、迷ったおかげで美味しそうなパン屋さんを見つけられたね」とポジティブにとらえてみましょう。周りの誰かが失敗したときも、否定的なことは言わないようにしてみましょう。

そうやって**「失敗」を「成長の機会」ととらえ、親子で失敗への恐れをなくしていくのです。**

7 頭ごなしに責めず、罪悪感に寄り添う

小さな頃から、周りから求められていることに対してとても敏感な子が、つい「するべきではない」ことをしてしまったとき、その内面には、強い罪悪感が湧き上がっているものです。

たとえば、「みんなで分けようね」とテーブルの上に置いておいたクッキーを、家族が留守中についつい一人で全部食べてしまった場合、お腹は満足しても、「あ、しまった」という気持ちを持っているものです。そこへ、もし、「なんてことしたの！ みんなで食べようって言ったじゃない！」と叱りつけた

ら、咄嗟に、「僕じゃないよ」「そんなこと聞いてないよ」と嘘をつくなどして、必死で自分を守ろうとするかもしれません。

こういうとき、敏感っ子は「悪いことをした」という自覚を持っている。それを前提にして、対処しましょう。

具体的には、「あれ？」とクッキーとその子の顔を眺めるだけで十分な場合が多いものです。気まずそうな表情で、その場を去ろうとしたら呼び止め、「とっても美味しいクッキーだから我慢できなかったのかな」と、できれば子どもに近寄ってしゃがんで目を合わせ、穏やかに声をかけてみます。すると、頷いたり、「うん」と告白するでしょう。そうしたら、まずは「そっか、言ってくれてありがとうね」と、正直に話したことを認めてあげましょう。そして、「美味しいクッキーだから、みんなも楽しみにしていたのよ」と話します。頭ごなしに怒鳴りつけられるよりも、敏感っ子の心には、よりすっと届きます。

うなだれたり、泣いたりする場合は、背中を抱くなどしてその子が感じて

いる「悪いことをしたための居心地の悪さ」に寄り添ってあげます。

子どもの「内なるモラル」を育もう

こうした対応をすることにより、敏感っ子の中に、「**内なるモラル**」が築かれていきます。「見つかると怒られるからしない、見つからなければいい」といった他者の目線を判断基準にするのではなく、自分の基準で良し悪しを判断し、主体的にする／しないを選ぶことができるようになります。

特に「咎められる」ということを周りの何倍も強烈に感じる敏感っ子が、怒られる怖さから逃れるために、気持ちにフタをして嘘をついてしまわないよう、注意していきたいです。

敏感っ子が、自身の罪悪感にきちんと向き合い、より適切な判断ができるようになるよう、寄り添ってあげましょう。

8 他者の言葉や態度を「受け取る／受け取らない」は選択できる

敏感っ子は、周りの人々の言葉や態度に、深く傷つくことがあります。中には、「え、そんなことで？」と思うようなことで、落ち込むこともあるでしょう。

ですから、敏感っ子には、子ども時代から、他者とどう関わるかについて話をして、**自分を過度に傷つけない考え方**を培ってあげましょう。

小学校で我が家の子ども４人がお世話になった先生が、毎年、こんな話をクラスの生徒達にしてくださいました。

先生の娘さんが、ある日、お友達に「バーカ」と言われ、泣いていたのだそうです。そこで先生は、娘さんにこう話しかけました。

「それで、あなたは、自分のことをバカだと思う？」

娘さんは、少し考えた後、首を横に振りました。

その様子を見て先生が娘さんにかけた言葉はこうです。

「そう、それなら、もうあなたは悲しむ必要ないのよ。それはもう、あなたの問題ではなくて、そのお友達の問題だから。何を受け取るか、受け取らないかは、あなたが決められるのよ」

わが家でも、先生のお話について何度も話し合ってきました。**周りの人々の言葉や態度は、自分がそれに同意しないのであれば、受け取る必要はない**

のです。周りの思惑や情報に振り回されやすい敏感っ子達に、「受け取らない」という選択があることを、繰り返し伝えてあげたいものです。

子どもが、周りの人々から受けた言葉や態度に悲しんでいたら、まずは、「そっか、悲しいんだね」と共感し、その子の気持ちが落ち着いたら、「受け取る／受け取らない」についての話をしてあげてください。

9 子どもの気持ちを落ち着かせるのはスキンシップと共感

子どもを落ち着かせるのに最も効果的なのは、「**スキンシップ**」と「**共感**」です。スキンシップは、特に年齢が低い子ほど、大きな効果があります。

そして、共感とは、相手の立場で見て、聞いて、感じること。相手の心に寄り添うことです。

たとえば、小さな子が「登ってはダメ！」と言われた塀に勝手に登り、落っこちて泣きじゃくっているときに、「ほら見なさい！」と責め立てるのは、追い打ちをかける行為です。

そうではなく、まずは「痛かったね。怖かったね」と共感し、抱きしめてあげましょう。そうすることで、子どもの気持ちが落ち着きます。

ただし、共感と同意は違います。共感したからと言って、子どもの要求を何でも叶えてあげる必要はありません。塀に登ることを許すわけではないのです。

子どもの気持ちが落ち着いたら、塀に登ってはいけないことを伝えましょう。**教え・学ぶために、まずはスキンシップと共感を通して、親子で落ち着きを取り戻しましょう。**

親は一緒になって感情を高ぶらせないこと

子どもが自分の思い通りにならず癇癪を起こしているときなどは、親も「こんなことは許せない！　この子に学んでほしい！」と思い、一緒になって感情を高ぶらせてしまいがちです。

しかし、**学びの機会にするためには、親は一呼吸入れて自分を取り戻し、怒りでわけがわからなくなった子を落ち着かせることを優先させましょう。**

ぎゅっと抱きしめてあげるのがよいですが、子どもがお母さんをパンチしたり蹴ったりして嫌がるようならば、「お母さんに痛いことしなくなったら、いつでも抱っこするからね。待ってるよ」と、少し離れたところにいるようにします。

物を投げたり壊したりといった危ないことはしないよう注意しながら、傍で穏やかに、毅然とした態度で見守りましょう。

すると、子どもは少しずつ落ち着いていきます。いつしか自分から近寄ってくるかもしれません。そうしたら膝の上に乗せて、思いっきり抱きしめてあげます。しばらく背中をトントンしながらユラユラ揺れてみるのもいいです。子どもはお母さんの温もりを感じ、絆を確認しながら、ゆったりと普段の自分を取り戻していきます。

そこでようやく、子どもは「学ぶ状態」になることができます。しつけたり、今後どうするのがよいかを話し合うのはそれからです。

欧米と違って日本には「ハグ」の習慣がありませんし、年齢が上がるにつれ、子どもがスキンシップを嫌がることもあるかもしれません。また、触覚が敏感な子も嫌がるかもしれません。

ですから、無理にスキンシップをとる必要はありませんが、子どもの気持ちが高ぶっているときは、できる範囲で、共感とともに心がけていきましょう。

10 人間関係でイザコザが起こったら「お互いがハッピーになる方法」を探す

お友達と遊んでいるときにイザコザが起こったら、「**自分と相手が共にハッピーになるには？**」と話し合います。その際、次のような選択肢から選ぶのも方法です。

- 他のゲームや遊びに移る
- 話し合う

- 取り合っているものを共有し、順番に使う
- 無視する
- その場を離れる
- 「やめて」と伝える
- 謝る
- 取引をする
- 待って気持ちを落ち着かせる

誰とでも仲よくする必要はなく、自分を大切にしてくれない人とは距離をおくとよいことや、たくさん友達がいることより、一人でも大切に思い合える友達がいるほうがよいことなどを伝えてあげましょう。

そのほうが、敏感っ子にとっては、より力を抜いてお友達とつき合っていけるはずです。

兄弟姉妹がいる場合は、ケンカの一つひとつが、他者との関わり方を学ぶよい機会です。暴力を振るわないよう注意しながら、「お互いにハッピーになれるように工夫してね」と伝え、介入しないのも方法です。そのためには、普段から人と対立したり、揉めたりしたときの選択肢などについて話し合っておく必要があります。

自分も相手もハッピーになる着地点を見出す

自分の思いと感情を理解し、相手の思いと感情を理解し、お互いがハッピーになる着地点を見出すこと。

人との関わりについて、子どもと話し合っていくべきことは、「お互いがハッピーになる」という言葉に集約されます。

相手に合わせてばかりの子には、自分の思いや感情を理解し、相手に伝える勇気を持つようにすすめます。逆に自分の思いばかりを通そうとする子には、相手の思いや感情を理解することをうながしてあげましょう。

敏感っ子は、相手の思いや感情を強烈に感じ取るあまり、自分を抑えてしまいがちです。同時に、自分の思いや感情も強烈に感じていますから、家庭では抑えていた感情が一気に爆発したり、弟や妹などより弱い立場の子に対して感情があふれ出て、過度に強く対応してしまうこともあるかもしれません。

敏感っ子が、人との関わりの中で疲弊しないように、普段から、どんな相手であっても、自分と相手が共にハッピーになれる工夫をするよう励まし続けてあげましょう。

11 「努力してできるようになった体験」を思い出させる

新しいことを前にすると、不安感に気圧されてなかなか取りかかれない。ようやく取り組んでも、少し難しいことやできないことにぶつかると、癇癪を起こしたり、投げ出してしまう。これらは、敏感っ子に、しばしば見られる特徴です。

そんなとき、**踏み出せないでいる対象を、その子の興味あることと関連づけると、主体的に前へと進み出せることがあります。**

お子さんが、これまでにできるようになったこと、興味を持って夢中で取り組んでいることを思い出してみてください。その取り組みの中で、何かが少しずつ上達した過程を思い出し、語りかけてみましょう。

サッカー好きの次男にはサッカーで頑張った話を引き合いに出す

たとえば、我が家の次男はサッカーに夢中です。ですから、よく知らない人の輪に入ることができなかったり、算数で難しい問題にぶつかり投げ出したくなっているときには、サッカーの話をしてみます。

「サッカーチームのみんなとも、ボールを蹴り合いながら、少しずつ仲よくなっていったよね。今回も似たようなことよ。少しずつ時間かけて仲よくなっていけばいいのよ」

「あの難しい『レインボウ』というサッカーの技、できるようになるまでにどれくらいかかったっけ？　長い間ちょっとずつ練習したら、最後にはうまくなったね。この算数の問題も同じよ。ここで投げ出したらずーっとできないけれど、『どうしたらできるかな？』と工夫や練習を重ねたら、少しずつできるようになるよ」

といった具合にです。

新しく何かを始めることに不安を抱きがちな敏感っ子も、これまでの体験と重ねることで、安心してチャレンジできるようになります。

12 「成長型マインドセット」で伸びる機会をとらえよう

スタンフォード大学の教育心理学者、キャロル・ドウェック博士は、「能力は、生まれもって決まっている」という考え方を「**固定型マインドセット**」と言い、「能力は、取り組みによって伸びていく」ととらえる考え方を「**成長型マインドセット**」[6]と言いました。

そして、「成長型マインドセット」を培ったほうが、人は成長できると言っています。

(6)『Mindset: The New Psychology of Success』Carol S.Dweck, Ballantine Books

確かに、子どもの「できない」ことを見て、「この子には生まれつき能力がないのだからしょうがない」と決めつけてしまったら、その子は伸びる機会を失ってしまいます。

なかなか人の輪に入れない子を見て、「この子には無理」と諦めたら、その子は人の輪に加わる力やスキルを身につける機会を失ってしまうでしょう。それよりも、「取り組みを続けるうちに、いずれはできるようになるだろう」ととらえ、親と手をつないで「入れて」と一緒に輪に入ってみるなど、できる範囲で努力を続ければ、子どもは少しずつ成長することができます。

この子はできないのではなく、〝まだ〟できないだけ

ドウェック博士は、**今「できない」と思うことへ、「まだ（yet）」という言葉を付け足しましょう**と提案します。「この子は、挨拶ができない」で

はなく、「この子は、〝まだ〟挨拶ができない（でもいずれはできるようになる）」といった具合にです。

子ども達が通っていたアメリカの公立小学校でも、「成長型マインドセット」を培うための課題が出ることがありました。

「『できない』と思うことを書き出してみましょう」という先生の言葉に、生徒達は、「テニスができない」「九九ができない」「逆立ちができない」と、思い思いに書き出していきます。次に、その文章に太文字で、「まだ（ｙｅｔ）」と付け加えるよう教えられます。

子ども達の書いた文章は、「まだ、テニスができない」「まだ、九九ができない」と変化します。このように、「今できないからといって、これからもできないわけではないよ。取り組むうちに、できるようになる」ととらえ直すことで希望を持つことができ、行動を起こしやすくなるというわけです。

みなさんもぜひ、「この子は、一人で学校へ行けない」と考えるのではなく、「この子は、〝まだ〟一人では学校へ行けない。でも、足場を重ねることで、いずれは行けるようになるだろう」と、とらえ直してみてください。周りと比較することなく、その子が踏み出す一歩を励まし続ければ、いつか、できるようになっていきます。

学校に慣れるのに周りの何倍もの「足場」を必要とした次男も、今では、毎朝元気に玄関を飛び出して行く小学４年生になりました。

第4章

敏感っ子の子育てがラクになるお母さんのセルフケア

1 「ボディスキャン」で身体をゆるめると心の緊張も解ける

前章まででお話ししてきた、敏感っ子との関わり方も、親のストレスが募って日々イライラしていたら、なかなか実践できるものではありません。

敏感っ子に限らず、子どもときちんと関わろうと思うなら、まずは、親自身が自分のケアをすることです。余裕を持って子どもと関わることで、親の言葉や態度が子どもに届きやすくなり、子どもの行動も変わっていきます。すると、親もより関わりやすくなり、子育てに「よい循環」が生まれます。

私自身、ストレスを溜めがちなタイプですので、様々な方法で自分をケアしてきました。この章では、私自身が実践して効果的と感じたケアをお伝えします。

「ボディスキャン」で身体の声を聞こう

15年ほど前の話になりますが、30代前半の頃、私はパニック障害になりました。３人目の子である次女を妊娠中のときのことです。

毎晩のように発作を起こし、強い恐怖感や不安感に襲われ、激しい動悸や呼吸困難、めまいなどに苦しみました。

認知行動療法による治療の他、回復の大きな助けとなったのが、マインドフルネスなどのセルフケアです。

中でも大きな効果を感じたのは、「**ボディスキャン**」でした。

ボディスキャンとはリラックス法の一種で、**スキャナで身体を読み込むように身体の各所に自分の意識を集中して身体の声を聞き、状態を知る手法**です。

感情と身体はつながっていますから、不安、心配、怒り、驚きといった強い感情を持つと、身体の様々なところに普段より力が入ります。ボディスキャンによって身体をチェックし、緊張して力が入っていると感じるところがあれば、呼吸をうまく使って身体をゆるめます。

ボディスキャンに出会い、私はリラックスする感覚をようやく身につけることができました。そして、ボディスキャンを日常生活に取り入れることで、とても楽になっていったのです。嬉しいオマケとして、片頭痛や肩こりもなくなりました。

何よりよかったのは、子どもに対して、力を抜いて向き合えるようになったことです。**敏感っ子は、親が不安や心配でガチガチに力が入っていると、**

影響を受けて緊張しやすくなります。ですから、子どもに向き合うときは、親はなるべく自分の緊張を解いた状態でいたいものです。

ボディスキャンのやり方

●寝る前など

締めつけのない服を着て、リラックスできる場所で横になり、目を閉じます。20〜40分ほどかけて、つま先から頭のてっぺんに順番に意識を向けていきます。

つま先、足首、ふくらはぎ、むこうずね、膝、太もも、お尻、骨盤、背中の下部、背中の上部、肋骨、お腹、横隔膜、胸、手先、手首、肘、腕、肩、首、あご、頬、口、鼻、目、額、こめかみ、頭頂。それぞれの部位に意識を向けたら、その部位が感じている感覚を注意深く観察します。温度、湿度、柔らかさ、硬さ、重さ、軽さ、マットや床との接点の感覚、脈拍などを感じるようにします。

力が入っていると感じる部位があれば、吸う息をその部位に届かせるようなイメージを持ちます。次に、ゆっくりと息を吐き、吐く息と共にその部位がゆるんでいくイメージを描きます。力が入っている部位一か所につき、息を吸う／吐くを3回繰り返します。

●仕事の合間、何かに集中する前、感情が高まっているときなど

手の平、肩、首、あご、頬、唇、舌、目、眉間、こめかみ、頭頂と、順に意識を向け、息を吐くと共にそれぞれの部位がゆるんでいくイメージを持ちます。30秒〜2分程度行います。

まずは寝る前などに時間をかけてボディスキャンをやってみてください。

すると、短い時間でスキャンをするコツもつかみやすくなります。

また、スキャンの後30分ほど経ってから再び同じ部位に意識を向けると、いつの間にかまた力が入っていることに気づくはずです。どんなに緊張した状態で日々暮らしているかが実感できるでしょう。

いろいろな考えが頭の中をグルグルして寝つけないときは、呼吸とお腹の動きに意識を向けるのも効果的です。息を吐くとお腹がへこみ、息を吸うとお腹が膨らむ、その動きに意識を集中させるのです。頭から身体に意識の方向を変えることで、考えにはまり込んだ状態から抜けることができます。

呼吸とお腹の動きに意識を向けるのは、敏感っ子が「怖くて眠れない」と言うときにも有効です。彼らは人一倍豊かな想像力で、次から次にいろいろなことを考えてしまいがち。身体を意識することで“頭の中のおしゃべり”に振り回されなくなり、心がスッと落ち着くのです。ぜひ、試してみてください。

2 自分を思いやる「セルフ・コンパッション」で自分を癒す

自分ケアの中でも、私自身とてもパワフルだと実感しているのが、**「セルフ・コンパッション（自分を思いやること）」**です。「コンパッション」とは「思いやり」という意味です。

このメソッドは、テキサス大学の教育心理学者クリスティン・ネフ氏が学術的にまとめたもので[7]、うつ、不安感、完璧主義などを緩和する効果、心を健やかにする効果、人生への満足度、幸福感、好奇心、社会的なつながりを

(7)『Self-Compassion:The Proven Power of Being Kind to Yourself』Dr.Kristin Neff, William Morrow

高める効果などが認められています。また、逆境をはね返す能力である「レジリエンス」も培います。

ネフ氏は、自閉症の息子さんが公共の場で激しい癇癪を起こして、周りから「親は何してるんだ！」という非難の視線を浴びたときに、「セルフ・コンパッション」の大切さと効果を実感したと言います。

針のムシロに座らされているような気持ちになりながら、胸に手を当て「この難しい状況で、私はよく頑張ってる」と自分を思いやることで、穏やかに子どもに接することができ、子どもも落ち着いていったと自らの体験を語っています。

自分を思いやる「セルフ・コンパッション」とは、このように**温い言葉や態度で自分に向き合うこと**です。自分で自分を癒し、満たし、励ますことで、周りにも温い思いやりを向けることができるようになります。周りから向けられる冷たい視線に萎縮し、自らも自分を否定してしまっては、親子共々、追い詰められていくだけです。

「セルフ・コンパッション」の方法

つらいなと感じたら、胸、お腹、肩、頬など、自分の身体に触れてみましょう。自分の体温を感じることで、「幸せ物質」と呼ばれるホルモン・オキシトシンの分泌量が上がることが明らかになっています。そして、自らに「思いやり（コンパッション）」をもって話しかけます。

たとえば、「ホントきついね。でも、私なりにできることをしている。大丈夫」というふうに。

寝る前には、「今日もよく頑張ったね」と、自分を労います。うまくいかなかったこともあるでしょうが、できたこともたくさんあったはずです。「できたこと」を認め、祝い、明日への力を養います。

ポイントは、大切な人に対して言わないような言葉は、自分にも言わないことです。

たとえば大切な友人に、「あなたって最低」「こんなこともできないの？　みんなできてるのに」「こんなんじゃ先が思いやられるわ」などとは言わないでしょう。

自分に対しては、つい貶めたり否定したりしがちですが、大切な人に対するときと同様、気持ちに寄り添い、優しく励ますことを心がけてください。

自分に対して温かく、大らかであることで、子どもに対しても自然に温かく大らかに接することができるようになります。

3 イライラしたら行動を起こす前に「一呼吸」入れる工夫をする

子育てをしていると、子どもの言動に対し、様々な思いや感情が湧き上がります。時には、イライラ、怒り、不安、心配などが強くなり、非常にネガティブな気持ちになることもあります。

ネガティブな感情のままに行動すると、子どもに対して怒鳴ったり、強い口調で叱りつけたり、体罰を与えたり……といったことになりがちです。

イライラを子どもにぶつけて当たり散らすような行動を重ねると、親も自己嫌悪に陥り、子育てへの自信がなくなります。

一方、親の思いや気持ちに影響を受けやすい敏感っ子は、よりいっそうおびえて自分の気持ちをため込んだり、ため込んだ感情を爆発させたりするでしょう。その結果、親はますます煮詰まり、子育てを苦行のように感じるなど、悪循環にはまってしまいます。

そうならないよう、**まずはネガティブな感情をぶちまける前に「一呼吸」入れ、落ち着いて適した行動を選ぶことを心がけましょう。**

たとえば、朝ぎりぎりまで支度をしない子に対し、「いつもグズグズして！　いい加減にしなさい！」と怒鳴りたい気持ちをグッと抑えて一呼吸入れ、「8時に家を出るには、今、何をしたらいい？」と尋ねることができれば、子どもも自分の行動を振り返ることができ、改善につながるのではないでしょうか。

目標は「イライラしない」ではなく、「イライラを相手にぶつけない」

ここで勘違いしないでいただきたいのは、怒りやイライラといった感情を否定しているのではないということです。様々な思いや感情を持つのは、とても自然なこと。第2章のポイント⑤でも紹介したように、ポジティブだけでなくネガティブな感情もバランスよく持つほうが健全です。

目指したいのは、「イライラしない」「怒らない」ようにすることではなく、「イライラや怒りのまま行動しない」「相手に怒りやイライラをぶつけない」ようにすることです。

そのために役立つのが「一呼吸」入れること。その方法をいくつか紹介します。

深呼吸

六つ数えながら息を吐き、三つ数えながら息を吸い、息を止めて三つ数える。これを繰り返します。深呼吸は副交感神経を活性化させ、リラックス状態を生み出す効果があります。

ボディスキャン

さきほどお話ししたように、思いや感情は、身体感覚と密接に関わっています。イライラや怒りや不安を持っているとき、身体の様々な部位、たとえば、こぶし、肩、眉間、舌などに力が入っているものです。そこで、身体を「スキャン」し、力の入っている部位を、吐く息と共にゆるめていきます。

マインドフルネス

マインドフルネスは、60年代にアメリカの医師により、禅道から宗教色を排して開発されたメソッドです。最近は、英米の公機関や、グーグルやナイキといった大企業、イチローやマイケル・ジョーダンなど第一線で活躍する有名人も活用するメンタルトレーニングです。

「感情は、否定したり抑えつけようとすると、より力を持つ」というのがマインドフルネスの考え方です。ですから、**感情とうまくつき合うには、自分がどんな気持ちなのかを、そのまま認めることが効果的だと言われます。**

「こんな感情を持ったらダメだ」「こんな感情を持つ自分は親としてよくない」と感情を否定したり、自らを責めるのではなく、「私はとてもイライラしている」「自分はかなりムカついてる」といったように、ただ、そうした感情を持っている自分を観察して認めます。

自分を観察する練習を積むと、怒りのままに行動してしまう前に、「あ、自分はかなり怒ってるな」と気づくことができるようになります。そうすれば、一呼吸入れて落ち着く術を試すなど、切り替えられるようになります。

4 周りの大多数と比べることをやめ、目の前の子どもと向き合おう

敏感っ子を育てる親は、周囲の人と、子育てについて話がかみ合わないと感じることがよくあるでしょう。

子育ての悩みを打ち明けたところ、「子どもは誰でも敏感なもの」「こんないい子なのに何を悩んでるの」と、暗に「あなたが気にしすぎ」と揶揄されたり、「過保護」「びしっと突き放せばしゃきっとするわよ」と子育ての仕方について批判されたりした経験がある人は多いのではないでしょうか。

こうした周囲の無理解に、敏感っ子を育てる親は、何度も傷つけられてしまいます。

覚えておきたいのは、5人に1人、つまり20％の割合で存在する敏感っ子の子育ては、他の80％の子を育てる親には、実感として理解できないということです。巷にあふれる育児情報も同じです。「子育てのヒント」とされる情報は、ほとんどが大多数向けのものです。

私は、周りの無理解に傷つくたび、この「20％」を思い出すようにしていました。**とても敏感な人や子どもというのは、人類の多様性を彩るマイノリティーなのです。**

ですから、敏感っ子を持つ親御さんは、周りの大多数と比べることをやめて、目の前の子どもをよく見て、マイペースに子育てをしていきましょう。もし、周りからのアドバイスや意見があなたのペースの妨げになるなら、そうした相手からは距離を置くのも一法です。

相手が親族だったり、職場の同僚だったりして、物理的に距離を置くのが難しい場合もあるかもしれません。その場合は、第３章でお話ししたように、相手の言うことを「受け取らない」と決めてしまうことです。そして、その相手とは子どもや子育ての話をしないことです。

どんな関係に自分の身を置いているか、再点検

２０００人以上の母親を対象にしたアリゾナ州立大学の研究[8]によると、母親が子どもを無条件に受け入れられるかどうかに最も大きく影響する要素の一つが、「母親自身が無条件に受け入れられていること」だったといいます。

たとえば、公共の場で子どもが癇癪を起こしている場面を想像してみてください。

「早く泣き止ませろ」「親のしつけがなってない」……周囲の反応が冷たい

(8) Suniya S.Luthar, Lucia Ciciolla.Who Mothers Mommy? (2015) 'Factors That Contribute to Mothers' Well-Being.' Developmental Psychology

ものだった場合、お母さんも子どもに対して「いい加減にしなさい！」と、つい声を荒げてしまうでしょう。

一方、「仕方ない」「子どもにはそういうときもあるよね」といった共感の眼差しを向けてもらったら、お母さんも落ち着いて、穏やかに対応することができるのではないでしょうか。

母親が周りから寛容に見守られるなら、母親も目の前のわが子を寛容に受け入れやすくなるのです。

ですから、敏感っ子の親として心がけたいのは、どんな関係に身を置くかを見直すこと。そして、**必要のないアドバイスや言動に引きずられる自分に気づき、「受け取らない」と決意すること**です。

現在は、敏感っ子や不登校の子の「親の会」も増えています。そうした場で気兼ねなく思いや気持ちを共有し、子どもにより寛容に向き合えるよう、自らを整えていきましょう。

5 過去を悔やみ未来を憂うのはやめて、今、行動を起こそう

この本も含め、子育てに関する情報は世の中にあふれています。しかし、なかなかうまく実践できずに、「私にはできない」と落ち込んでしまうこともあるかもしれません。

そうした場合に思い出していただきたいことを、三つお伝えします。

①実践できなくても、「知っている」だけでいい

たとえ実践できなくても、適切に関わるにはどうすればよいかを知ってい

るだけで随分と違うものです。「知らない」というのは、真っ暗闇の荒波の中で、ただただもがいているようなもの。一方、**「知っている」というのは、もがきながらも、灯台の光に照らされているようなもの**です。「あちらの方向に泳いでいけばいいんだな」という指針があります。指針が見えているか見えていないかでは、心身の安定感もまったく違ってくるはずです。

②ほんの小さな変化に気づいて自分を労おう

誰しも完璧にはできません。完璧を目指す必要もありません。何か一つできるようになるだけでも、ゼロから考えれば大きな進歩です。**感情をぶちまける前に、一呼吸入れられる回数が1回でも増えたなら、それは大きな変化です。**そうして「できたこと」に目を向け、「よくやった」と小まめに自分を労っていきましょう。自分の「できていること」を見出し、励ますことを習慣にすれば、子どもに対して「できているところ」を見出し、励ます態度も身につきます。

③過去を悔やみ未来を憂うより、今、具体的な行動を重ねよう

過去にしたこと、起こったことを悔やんだり、まだ何も起こっていない未来を憂いる時間とエネルギーを、今行動を起こすことに注いでいきましょう。

今、この瞬間にも、よりよい子育ての循環を作り出す機会は与えられています。悩み考えているだけでは何も起こりません。行動を起こし、少しずつ変化を生み出していきましょう。

子どもを最も愛おしく思った瞬間の感情に浸ることでリセットする

子育て生活では、日々、様々なことが起こりますし、子どもの言動に腹が立ったり、苛立ったりして、何もかも投げ捨てたくなることもあるでしょう。

そんなときは、ぜひ**その子を最も愛おしく思った瞬間**を思い出してみてください。

セミナーなどでこう伝えると、多くの親御さんが、子どもが病気やけがをしたときのことを話されます。当時、どれほどその子を大切に思い、目の前にいてくれるだけでもありがたいと思ったかと。

我が家も、長男が30メートルほどの崖の上で足を滑らせて急斜面を転がり落ち、木に激突して手首を複雑骨折したことがあります。担ぎ込んだ救急病院で、医師がレントゲンを見ながら、「ものすごい衝撃が手首にかかりましたね。手首でよかったですね」とおっしゃった瞬間を思い出します。

「もしその衝撃がかかったのが、首だったら、頭だったら……」そう思うと、手首の骨折で済んだことへの感謝の気持ちがこみ上げ、地面にひれ伏したい気持ちになるのです。

イライラすることがあった日は、胸に手を当てて、あの日の感謝にあふれた気持ちを思い出し、浸ってみます。すると、どんなに気分が落ち込んでいる日でも、子ども達一人ひとりを抱きしめ、心から「愛している」と伝えたい気持ちになります。
なかなか気持ちを切り替えられないときは、どうぞ試してみてください。

おわりに

最初の子を産んでから20年近く、５人の子を育ててきましたが、「子ども時代の姿から、その子の将来を思い悩む必要はない」、そう実感しています。

子どもは、成長し続けています。

今、泣いてばかりで怖がりだからといって、すぐに心が折れてしまう大人に育つわけではありません。今、手のつけられない癇癪を起こすからといって、自制心のない自分勝手な人になるわけでもありません。

敏感っ子は、その感受性の強さを活かしながら、やがて社会へと頼もしく羽ばたいていきます。

敏感っ子の成長を支えるのが、第２章でも紹介したように、その子の内から湧き上がる「好き！」という気持ちです。普段、周りからなだれ込む刺激に振り回されがちな敏感っ子も、「好き！」と何かに夢中になることで、ぶれにくい「軸」を手に入れるのです。

幼い頃泣いてばかりで極度の怖がりだった長男は、19歳となった今、子ども時代を振り返り、こんなことを言います。

「とにかく物語のヒーローに憧れてね、ヒーローになり切るということをよくしていたんだよ。『ヒーローは、こういう場面で泣かないよなあ』と泣き止んでみたり、『ヒーローは、こういうことでいつまでもクヨクヨしないよなあ』と気持ちを切り替えたりね」

ヒーローに憧れ続けた長男は、中学から高校にかけ、飛行機事故のレスキュー隊に入り、雪山や道のない山で、食料も自然界から調達しながら、墜落した飛行機を探索するといった訓練を受けました。そして、高校時代には、小中高生のロボティックス活動を支援するNPOを自ら立ち上げると共に、救急隊員の国家資格も取り、「ギャップイヤー」*の1年間を利用して、救急隊員として働きながら独り暮らしをしていました。

私がこの「おわりに」を書いている今は、米国メリーランド州からアラスカ州までの約6870キロを3か月間かけて自転車で走破する旅の真っ只中です。秋からは、コンピューターサイエンスと天体物理学を学ぶ大学生活が始まります。

＊大学合格者が、高校卒業後、一定の期間休学してから大学に入学する制度。その期間学生は、ボランティアやインターン、旅行などの活動をすることが多い。

14歳のとき、「HSPのセルフテスト」でほぼ満点だった長女は、他者の気持ちや視線にとても敏感で、周りの思いに振り回されがちでした。それでもいろいろな角度から物事を考えるのが大好きなことから、高校では、様々なテーマについて先生やクラスメートと意見を交わすディスカッションに夢中になり、自分の思いを周りにはっきり伝える力をつけていきました。

植物や自然が大好きな長女は、今年17歳で高校を卒業、秋からは、環境科学と認知科学を学ぶために大学の寮生活に入ります。


完璧主義な面があり、癇癪の激しかった次女は、中学校に入った頃から、走ることが大好きになっていきました。去年、米国から日本へ引っ越すと決まったときも、真っ先に、「陸上クラブを探して！」と言いました。そこで東京のとある陸上クラブに問い合わせ、引っ越して1か月もしないうちに、クラブの練習に参加し始めました。

ちょうど夏休み中だったので、次女にとっては、海を渡った日本という新天地で同じ年頃の子達に会うのも、電車に乗って練習場へ通うのも、初めてのことでした。普段は、新しいこと、慣れないことには圧倒されてしまい、なかなか足を踏み入れようとしない次女も、「走ることが好き！」という気持ちの強さから、前のめりで踏み出していったのです。

その結果、数人のコーチと数十人の子ども達からなる陸上クラブというコミュニティーや、米国とは大きく異なる日本の環境にも自然に慣れていきました。「好き！」という気持ちが、新しい環境や人との関わりへの順応を助けてくれたのです。


年長時に、先生から「必要なこと以外話しません」と言われた三女は、幼少期から想像遊びが大好きでした。小学6年生となった今でも、手にした石やペンが物語の登場人物となり、一人で話し続けることがあります。傍からはささいに見えることが、彼女の胸にはグサリと刺さり、隠れてシクシク泣いていることもありますが、一人で想像にふけることで、息を吹き返します。

周りからは、「いつもニコニコしているね」と言われるほがらかさん。ここ最近は、「将来は発明家になりたい！」と言い始め、家族を驚かせています。

数か月の行き渋りの末、激しいチックを発症して幼稚園を中退し、小学校1年生まで私が付き添い登校していた次男は、小学4年生となった今、サッカーに夢中な少年に育っています。3年生のときに、コーチから「サッカーの試合をたくさん観るように」と言われて以来、毎日のように、ユーチューブで世界中のサッカーの試合を観戦しています。

中でも次男が特に魅了されたのが、アルゼンチン出身のサッカー選手リオネル・メッシでした。メッシが力強くフィールドを駆け抜け、魔法のようにボールを操り、立ちはだかる選手を次々とかわし、あり得ない角度からゴールを決める様子にとても感動して影響を受け、サッカーに限らず、日常生活でも、メッシの姿に励まされているようです。

サッカーへの情熱が、生活全般に対する活力を生み出し、他のすべての物事に対するモチベーションを引っ張り上げてくれていると実感しています。

周りからの刺激に圧倒され、動けなくなりがちな敏感っ子にとって、内から湧き上がる「好き！」という気持ちは、「突破口」になると、しみじみ思います。

「好き！」という気持ちやその対象を軸として人生を築いていくこと。敏感っ子に限らず、そうした人生こそ、生きる本人の心が最も満たされるものとなるのではないでしょうか。

子どもは、成長します。

最近の研究では、大人の脳でも、体験によってどんどん変わることが判明しています。ましてや子どもは爆発的な成長過程にあるわけですから、その変化にはすさまじいものがあります。

みなさん、子どもの持っている力を信じ、できる範囲でサポートしていきましょう！

長岡真意子

著者プロフィール

長岡　真意子（ながおか　まいこ）

「ユア子育ちスタジオ」代表。子育てコンサルタント＆ライター。

名古屋大学大学院人間情報学研究科修士課程修了（文化人類学専攻）。

16歳で父親と共にインドを旅して以来、バックパッカーとなり、北米、中米、ヨーロッパ、アジア、中東などを旅する。大学院生時代にアラスカで出会ったチリ出身の男性と入籍、2年間の別居婚を経てアラスカに移住、二男三女をもうける。

5人の子が、アラスカ州の「ギフテッドプログラム」に入ったのをきっかけに、2005年～2015年の約10年間、ギフテッド教育コミュニティーに関わる。その他にも様々なコミュニティー活動に参加。北米にて、幼児教室の主宰や大学講師として活動し、幅広い年齢と文化背景を持つ乳幼児から青年まで延べ700人の育ちを20年間指導する。国内外1000以上の文献に基づく子育てコラムを、『オールアバウト』『It Mama』などで500記事以上執筆。「ハイリーセンシティブチャイルド」や「子どもとの関わり方」関連記事の累計PV500万以上。

5人の子どもはHSCで過度激動が見られるものの、長男は高校時代に起業し、名門・シカゴ大学に進学するなど、それぞれ夢や好きなことを見つけ、健やかに成長している。

「ユア子育ちスタジオ」ウェブサイト：
http://www.kosodatekyua.com

装丁　**室田敏江（志岐デザイン事務所）**
カバー・本文イラスト　**イイノスズ**

敏感《びんかん》っ子《こ》を育《そだ》てるママの不安《ふあん》がなくなる本《ほん》

発行日	2019年　6月 25日	第1版第1刷
	2020年　5月　5日	第1版第4刷

著　者　長岡《ながおか》　真意子《まいこ》

発行者　斉藤　和邦
発行所　株式会社　秀和システム
〒135-0016
東京都江東区東陽2-4-2　新宮ビル2F
Tel 03-6264-3105（販売）　Fax 03-6264-3094
印刷所　日経印刷株式会社　Printed in Japan

ISBN978-4-7980-5714-9 C0037